Was WIRK hilft gegen deinen STRESS

Earl Hipp

TIPPS FÜR TEENS

Verlag an der Ruhr

IMPRESSUM

Titel der deutschen Ausgabe
Was WIRKLICH hilft – gegen deinen STRESS

Copyright © 2008 (1995, 1985) by Earl Hipp
Originalausgabe erschienen 2008 bei Free Spirit Publishing Inc.,
Minneapolis, Minnesota, USA, www.freespirit.com

Titel der Originalausgabe
Fighting Invisible Tigers
Stress Management for Teens

Illustrationen
Tyson Smith

Alle Rechte vorbehalten unter den internationalen und
gesamtamerikanischen Copyright-Übereinkommen.

Übersetzung
Friedrich Helmschrott

Bearbeitung für Deutschland
Verlag an der Ruhr
Mülheim an der Ruhr
www.verlagruhr.de

Geeignet für die Altersstufen 13–99

Unser Beitrag zum Umweltschutz

Wir sind seit 2008 ein ÖKOPROFIT®-Betrieb und setzen uns damit aktiv für den Umweltschutz ein.
Das ÖKOPROFIT®-Projekt unterstützt Betriebe dabei, die Umwelt durch nachhaltiges Wirtschaften
zu entlasten.
Unsere Produkte sind grundsätzlich auf chlorfrei gebleichtes und nach Umweltschutzstandards
zertifiziertes Papier gedruckt.

Ihr Beitrag zum Schutz des Urhebers

© der deutschen Ausgabe
Verlag an der Ruhr 2011
ISBN 978-3-8346-0884-0

Printed in Germany

INHALTSVERZEICHNIS

EINLEITUNG

Hast du schon mal richtig Sorgen und Stress gehabt? Wenn ja, bist du nicht alleine. Denn jeder steht manchmal unter Druck oder fühlt sich überfordert.

Wenn man sich mal einer großen Herausforderung stellen muss, ist das ja in Ordnung. Doch das Leben funktioniert üblicherweise anders: Eine Aufgabe reiht sich an die andere. Innerhalb von einer Woche musst du vielleicht eine umfangreiche Projektarbeit abschließen, mehrere Tests schreiben, im Schultheater auftreten, ohne Ende Zeit für deinen Nebenjob aufbringen und eine Reihe anderen Kram erledigen. Gleichzeitig sollst du mit schwierigen Situationen oder Ärger zu Hause oder im Freundeskreis zurechtkommen.

Wenn man gleichzeitig mehrere Herausforderungen zu bewältigen hat, kann man in Stress geraten. Stelle dir mal vor, jede einzelne Sorge, jede schwierige Hausaufgabe, jedes Problem mit der Gesundheit oder in einer Beziehung, jeder Computerabsturz und jeder Streit ist ein Gummiband, das sich um deinen Kopf schlingt. Das wäre ziemlich fies, oder? Aber es kann ja immer noch schlimmer kommen. Je mehr Stressfaktoren auftauchen, desto mehr Gummibänder schnüren deinen Kopf ein. Der Druck, den diese Gummibänder auf deinen Kopf ausüben – das ist der Stress.

ZU VIEL STRESS

Bei zu viel Stress fühlt man sich in die Enge getrieben und sieht keinen Ausweg. Unter diesem Druck ist es schwierig, richtige Entscheidungen zu treffen. Statt in Ruhe Lösungen für das jeweilige Problem zu suchen, kommen einem Anspannung und Wut in die Quere, und man tut Dinge, die die Situation nur noch schlimmer machen.

Manchmal weiß man gar nicht mehr, wo man anfangen soll, um die Dinge wieder auf die Reihe zu kriegen. Denn alle schwierigen Situationen im Leben verursachen Stress. Wenn du gestresst bist, fühlst du dich ständig unruhig und unwohl. Du hast das Gefühl, dass irgendetwas nicht stimmt. Aber du kannst nicht genau sagen, was es ist.

DER KAMPF GEGEN UNSICHTBARE TIGER

Wenn man gestresst ist, fühlt man sich wie in einem Dschungel voller gefährlicher Tiger: Sie sind Furcht erregend und hungrig, aber unsichtbar. Du kannst sie nicht sehen, aber du kannst spüren, wie sie dich heimlich belauern.

Stelle dir vor, ...

du bist allein in einem schummrigen Dschungel. Seit Tagen schlägst du dich durch, riesige Mücken stechen dich und wollen an dein Blut. Die Luft ist voller unheimlicher Geräusche und komischer Gerüche. Ständig hörst du ein dumpfes, bedrohliches Knurren ... Du hast Angst davor, was als Nächstes passieren könnte.

Nun stelle dir vor, dass du jeden Tag mit einer solchen Angst leben musst: Dauernd wachsam sein, dauernd nervös und dazu bereit, sofort zu reagieren. So kann sich ein Mensch fühlen, der nicht weiß, wie man mit Stress umgeht. Jede Minute auf der Hut zu sein, erfordert unheimlich viel Energie, egal ob man sich vor wirklichen Tigern in Acht nehmen muss oder vor unsichtbaren – in Form von schulischen Pflichten, Hausaufgaben, Mobbing, Ärger mit Freunden oder anderen Dingen. Die ständige Angst vor dem, was als Nächstes kommen könnte, zehrt an deinen Kräften und kann dich an deine Grenzen treiben.

Die schlechte Nachricht ist, dass du dir Stress nicht komplett vom Hals halten kannst: Es wird immer wieder zu Situationen kommen, in denen du dich un- wohl, frustriert oder überfordert fühlst. Aber es gibt auch eine gute Nachricht: Du kannst nicht nur mehr Fakten über Stress lernen, sondern auch Strategien, um positiv mit Herausforderungen und harten Zeiten umzugehen. Du kannst lernen, wie man die unsichtbaren Tiger bekämpft, wenn sie sich bemerkbar machen.

STRESS IST EINE ERNSTE ANGELEGENHEIT

Starker Stress über eine lange Zeit kann schwer wiegende Folgen haben. Er kann heftige Schmerzen verursachen und dazu führen, dass man öfter krank wird. Deine Leistungen in der Schule oder bei anderen Aktivitäten können beeinträch- tigt werden. Stress kann deine Stimmung beeinflussen: Dann fühlst du dich verärgert, wütend, traurig, einsam oder deprimiert.

WIE KANN DIR DIESES BUCH HELFEN?

Dieses Buch soll dir dabei helfen, gesund zu bleiben, Herausforderungen zu bewältigen, mit dir selbst zufrieden zu sein und aus deinem Leben das Beste zu machen. Du wirst verstehen, was Stress eigentlich ist, und bekommst Ideen an die Hand, wie du damit positiv umgehen kannst.

Im 1. Teil, **Stress: Die Wahrheit über die unsichtbaren Tiger,** findest du Informationen über Stress und seine Auswirkungen auf Körper und Gefühle. Du wirst einige eher ungesunde Methoden kennenlernen oder auch erkennen, auf die Menschen zurückgreifen, wenn sie sich überfordert fühlen. Außerdem erfährst du, worin der Unterschied zwischen kurzfristigen Bewältigungs-strategien und richtigem Stressmanagement besteht, das dir langfristig helfen kann.

Der 2. Teil, **10 Methoden der Tigerzähmung,** beschreibt hilfreiche Strategien, die du ab sofort anwenden kannst, um den Druck zu mildern und dich auf künftige Herausforderungen vorzubereiten.

Und zum Schluss findest du im 3. Teil, **Erste Hilfe bei Tigerbissen,** hilfreiche Vorschläge für Situationen, in denen du das Gefühl hast, an deine Grenzen zu kommen. Wenn du dich jetzt gerade frustriert oder überfordert fühlst, kannst du dir gleich diesen Teil anschauen (S. 125 ff.).

Mit diesem Buch wirst du vielleicht nicht über Nacht zum Tigerdompteur. Aber mit den vorgeschlagenen Methoden können dir die Tiger sehr viel kleiner und weniger grimmig erscheinen. Je mehr du deinen Stress in den Griff bekommst, desto mehr Freude wirst du wieder an deinem Leben empfinden können.

Viel Glück und meine besten Wünsche für dein Abenteuer.

Earl Hipp

1. TEIL

STRESS: DIE WAHRHEIT ÜBER DIE UNSICHTBAREN TIGER

Es scheint manchmal, als wäre Stress ein modernes Phänomen.
In Wirklichkeit gab es ihn aber schon vor unzähligen Jahren.
Schon die Höhlenmenschen mussten mit Problemen kämpfen,
die ihr Leben kompliziert, schwierig und beängstigend machten:
Feuer, das nicht brennen wollte, schlechtes Wetter, verdorbenes
Fleisch, feuchte Höhlen, ungemütliche Nachbarn und
der schlichte Kampf ums Überleben.
Die schlimmsten Stressfaktoren waren für die Höhlenmenschen
aber wilde Tiere, die sie als bekömmliches
Mittagessen betrachteten.

DIE FIGHT-OR-FLIGHT-REAKTION

Eines schönen Tages konnte beispielsweise plötzlich ein riesiger Säbelzahntiger die Höhlenbewohner angreifen. Da die Tiger meistens gleich zur Sache kamen, hatten die Steinzeitmenschen gelernt, sofort zu reagieren: entweder, indem sie die Katze attackierten oder indem sie flohen. Dazu war ein sehr sensibles Nervensystem erforderlich, das den Körper zu einer – wie wir es heute nennen – Fight-or-Flight-Reaktion („Kampf-oder-Flucht-Reaktion") bewegen konnte. Die Menschen, die darin besonders gut waren, lebten weiter und erzählten am Lagerfeuer ihre Geschichten, und die anderen ... nun, sagen wir es so: Sie haben es wohl nicht geschafft, zum Abendessen nach Hause zu kommen.

DIE WIRKUNG DER FIGHT-OR-FLIGHT-REAKTION

Bei den ersten Anzeichen einer Gefahr stellt die Fight-or-Flight-Reaktion deinen Körper entweder aufs Kämpfen ein – oder aufs Rennen, so schnell wie der Wind. Wir brauchen nur an hungrige Tiger oder etwas anderes, das uns in Angst versetzt, zu denken – und schon sind wir angespannt und bereit zu agieren.

Auch wenn die meisten von uns niemals mit echten Tigern zu tun haben, kann unsere Welt genauso erschreckend sein wie die Welt in der Zeit der Höhlenmenschen. Denke einen Moment darüber nach: Es gibt viele Situationen, die uns aufregen oder ernsthaft in Angst versetzen.

„Die Umwelt wird zerstört: Werden wir in 50 Jahren noch einen Ort haben, an dem wir leben können?"

„Seit wir in diese Stadt gezogen sind, habe ich noch keine neuen Freunde gefunden."

„Ich habe mein Handy verloren. Darin waren alle meine Telefonnummern gespeichert!"

„Mein Leben ist ein echtes Drama. Nellie hasst mich, und Maria sagt, ich hätte ihr ihren großen Schwarm ausgespannt."

„Was soll ich denn nach der Schule machen?"

„Ich bin übergewichtig, und alle in meiner Klasse ignorieren mich."

„Mein Freund Tim ist in richtig üble Sachen verwickelt."

„Nächste Woche schreibe ich eine Klassenarbeit, die megawichtig für meine Bio-Note ist."

„Meine Eltern hatten einen Riesenkrach, und meine Mutter ist ausgezogen."

„Ich werde traurig, wenn ich im Fernsehen Menschen sehe, die Hunger leiden."

Manche Schwierigkeiten lassen sich einfach nicht so leicht bewältigen wie andere. Das Problem besteht darin: Immer wenn du mit etwas konfrontiert wirst, das dich beunruhigt oder in Angst versetzt, reagiert dein Körper so, als ob du hungrige Tiger vor dir hättest. Das kann schon passieren, wenn du nur an etwas Schlimmes denkst. Beim ersten Anzeichen einer Gefahr schrillen die Alarmglocken, und dein Körper ist sogleich bereit, zu kämpfen oder zu fliehen.

In Zeiten mit hoher Stressbelastung löst die Fight-or-Flight-Reaktion viele Veränderungen in deinem Körper aus, und zwar alle auf einmal. Wenn du nicht verstehst, was geschieht, kannst du den Eindruck bekommen, dass du ernsthafte gesundheitliche Probleme hast.

Symptome der Fight-or-Flight-Reaktion

Nachstehend einige mögliche Reaktionen deines Körpers auf eine Stress-Situation:

Dein Herz pocht. Der Körper braucht so viel sauerstoffreiches Blut wie möglich, und er braucht es sehr schnell. Deshalb schlägt dein Herz immer heftiger und immer schneller. Auch deine Atmung beschleunigt sich, um mehr Sauerstoff verfügbar zu machen.

STRESS BEEINTRÄCHTIGT DEIN GEHIRN

Stress verändert nicht nur das, was sich in deinem Körper abspielt, sondern kann auch dein Gehirn zu Kurzschlüssen verleiten. Unter Belastung schaltet sich der Teil des Gehirns aus, der für die Entscheidungen verantwortlich ist. Gleichzeitig schütten sich jede Menge „Stress-Chemikalien" aus. Was bedeutet das? Wenn man gestresst ist, trifft man schneller falsche Entscheidungen oder tut Dinge, die die Situation noch schlimmer machen. Jugendliche sind von diesen Vorgängen besonders betroffen, weil sich ihr Gehirn sehr schnell entwickelt und verändert.

Deine Hände und Füße werden kalt. Kleine Adern in Händen und Füßen verengen sich, um das Blut ins Gehirn und in die Muskeln, die zum Rennen oder Kämpfen gebraucht werden, strömen zu lassen.

Dein Gesicht wird warm. Die Halsschlagader weitet sich, um mehr Blut ins Gehirn zu lassen. Das führt manchmal dazu, dass Wangen und Ohren rot anlaufen. Deshalb kann man auch Druck-Kopfschmerzen bekommen.

Dein Mund wird trocken, und dein Magen rebelliert. Während einer Fight-or-Flight-Reaktion verlangsamt sich die Verdauung, damit das Blut für die entscheidenden Muskeln verfügbar ist.

Du bist unruhig. Drüsen und Organe produzieren chemische Stoffe, einschließlich Adrenalin, die dazu dienen, den Körper auf die Bewegung vorzubereiten. Du kannst ein Prickeln oder „Schmetterlinge" im Bauch spüren.

Deine Hände schwitzen. Um einem zu hohen Anstieg der Temperatur zuvorzukommen, schaltet der Körper seine „Klimaanlage" ein und befeuchtet die Hautoberfläche. Die Verdampfung dieser Feuchtigkeit bringt Abkühlung.

KURZ- UND LANGFRISTIGER STRESS

Die Fight-or-Flight-Reaktion kann dir viel abverlangen, weil der Kampf gegen wirkliche oder unsichtbare Tiger deinen ganzen Körper beansprucht. Zum Glück dauern stressige Zeiten normalerweise nicht sehr lange an. Sobald die Stress-Situation vorüber ist, beruhigt sich der Körper allmählich wieder, es setzt eine Periode der Erholung und Regeneration ein. Danach kehrt der Körper in seinen Normalzustand zurück. Das nennt man kurzfristigen Stress.

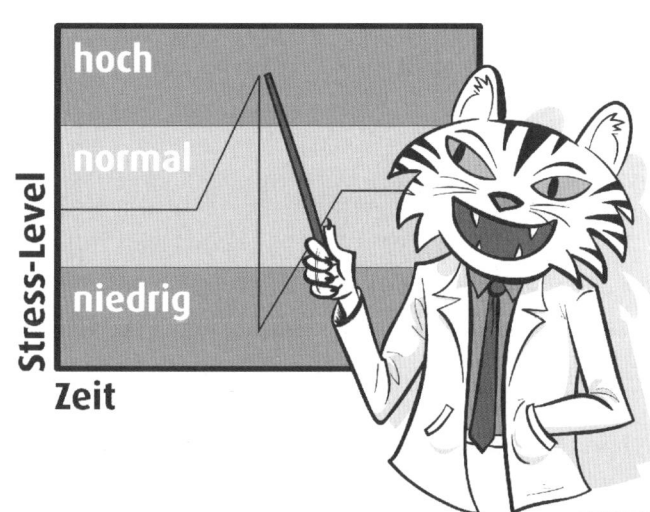

Der kurzfristige Stress geht ziemlich schnell vorbei und hat keine dauerhaften Auswirkungen. Aber was passiert, wenn viele Dinge in deinem Alltag Stress verursachen? Was, wenn dein Leben voller kleiner und großer unsichtbarer Tiger ist, die sich scheinbar nie davonmachen?

Wenn du über einen langen Zeitraum mit vielen Stressfaktoren zu tun hast, hat dein Körper möglicherweise keine Zeit, sich zu beruhigen, zu erholen und wieder zu Kräften zu kommen. Da du weitermachen willst, passiert es schnell, dass du dich an den immer stärkeren Stress anpasst, ohne es überhaupt zu bemerken. Wahrscheinlich denkst du, es geht dir gut, aber in Wirklichkeit lebst du mit einer Menge Stress, der deine Gesundheit beeinträchtigt. Deshalb kann langfristiger Stress so schädlich sein: Die Menschen begreifen nicht, welchen Tribut der Stress von ihnen fordert, bis sie an ihre Grenzen stoßen.

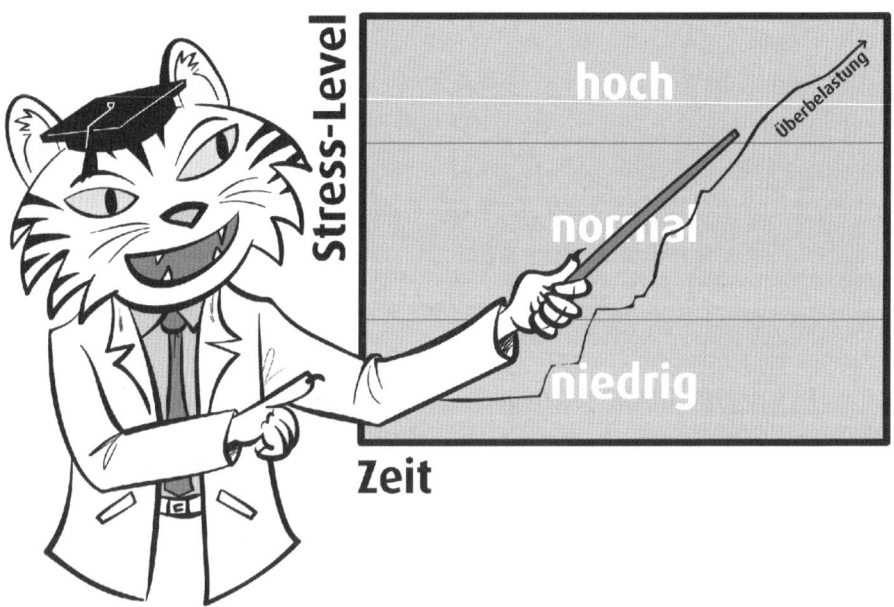

Wer stark belastet ist, versucht meist dennoch, die Dinge im Griff zu behalten – auch wenn er das Gefühl hat, dass unsichtbare Tiger ihn verfolgen. Aber eine hohe Stressbelastung kann dich überfordern. Du kannst vielleicht immer mehr Kraft dafür aufwenden, allen Herausforderungen gerecht zu werden. Aber du verlierst dabei, ohne es zu bemerken, immer mehr an körperlicher Energie, an der Fähigkeit, klar zu denken, und an Leistungskraft. Das ist so, als ob du Holz hacken würdest und dir nie Zeit dafür nimmst, die Klinge deiner Axt zu schär-

fen. Oder wie Surfen im Internet mit einer Verbindung, die immer langsamer wird. Letztendlich fallen dir die Dinge, mit denen du sonst keine Mühe hattest, immer schwerer.

STRESS UND PICKEL

Während viele Auswirkungen von Stress durchaus gefährlich sein können, sind manche einfach nur ärgerlich. So schwächt er den obersten Schutzschild der Haut, und du kannst Pickel bekommen. Wenn du gestresst bist, weiß deine Haut also darüber Bescheid und reagiert auch noch mit Wutausbrüchen!

LASS DIR HELFEN!

Wenn du merkst, dass du an deine Grenzen stößt, ist es wichtig, so schnell wie möglich mit jemandem zu reden, dem du dich anvertrauen kannst.
Du kannst dich z.B. an deine Eltern, einen Lehrer oder einen Freund wenden. Vielleicht fallen deinem Gesprächspartner Lösungen für deine Probleme ein, auf die du selbst gar nicht gekommen wärst!? Weitere Tipps zum Thema „Überforderung" findest du im Teil Erste Hilfe bei Tigerbissen (S. 125 ff.).

STRESSBEWÄLTIGUNGSSTRATEGIEN

Das Leben ist voller Herausforderungen, die wir bewältigen müssen. Alltägliche Herausforderungen: Verpflichtungen zu Hause, Schulaufgaben. Und solche, die uns einiges abverlangen: herauszufinden, wer man sein will, wer man ist, was man kann. Freundschaften mit ihren Hochs und Tiefs zu führen. Hinzu kommen unerwartete Stress-Situationen, die jederzeit eintreten können. Also, wie bewältigst du das? Was ist das überhaupt – eine „Stressbewältigungsstrategie"?

Solche Strategien sind ganz einfach Methoden, wie man kurzfristig mit Stress fertig wird. Sie lösen zwar nicht die Probleme, die ihn verursachen. Aber sie verschaffen dir eine Verschnaufpause. Es ist nichts Falsches an den meisten Stressbewältigungsstrategien, z.B., den Fernseher einzuschalten oder ein Nickerchen zu machen – solange sie keinen Schaden anrichten und nicht zur Regel werden.

Was also gehört zu den Mitteln, auf die man zurückgreifen kann, um Stressgefühle kurzfristig zu bewältigen? Es gibt drei Hauptkategorien.

1. Ablenkung – oder: Darum kümmere ich mich später.

> „Wenn ich eine Verschnaufpause brauche, setze ich mich aufs Fahrrad."
> — Mädchen, 12 Jahre

> „Am Ende eines stressigen Tages surfe ich am liebsten im Netz. Das hilft mir, den Druck loszuwerden."
> — Junge, 14 Jahre

Sich abzulenken, ist wohl die häufigste Bewältigungsstrategie. Sie ist normalerweise harmlos. Dazu gehören Dinge wie: im Internet surfen, Lesen, Essen oder am Computer zocken – so ziemlich jede Beschäftigung, mit der du für eine gewisse Zeit die Stressfaktoren ausblenden kannst. Ablenkung ist gut, um sich kurzfristig zu entspannen. Sie kann sogar dafür sorgen, dass du im Anschluss wieder produktiver bist. Wenn du beispielsweise beim Lernen eine kurze Pause für eine Zwischenmahlzeit einlegst, kannst du dich ein wenig zerstreuen und dich danach mit klarerem Kopf wieder an die Arbeit setzen. Zu viele Pausen aber können dich von der Arbeit abhalten und letztendlich deinen Stress noch steigern, z.B. wenn du zwischendurch ständig ins Internet gehst, um mit Freunden zu chatten.

Ablenkung hilft dir, deine Stressgefühle für eine Weile zu verdrängen. Aber je öfter du auf diese Strategie zurückgreifst, je mehr du die Probleme aufschiebst, desto stärker macht sich dann der Stress, den du eigentlich vermeiden willst, bemerkbar. Das passiert oft, wenn Menschen zur nächsten Stufe der Problembewältigung übergehen.

2. Vermeiden – oder: Ich werde mich schon noch darum kümmern ... irgendwann mal.

> *„Meine Freunde und ich spielen ziemlich gerne Basketball. Wir könnten die ganze Nacht Bälle im Korb versenken."*
>
> — Junge, 13 Jahre

> *„Ich gebe zu: Wenn ich etwas nicht tun will, gehe ich online. Es ist echt krass, wie man dann jedes Zeitgefühl verliert. Manchmal schaue ich auf die Uhr und stelle fest, dass schon Stunden vergangen sind."*
>
> — Mädchen, 14 Jahre

Vermeidung – das ist sozusagen Ablenkung ins Extrem getrieben. Stelle dir vor, du willst ein wenig fernsehen – und sitzt dann jeden Abend stundenlang vor der Glotze. Eine einfache Beschäftigung nimmt immer mehr von deiner Zeit und Energie in Anspruch und scheint dich dazu zu zwingen, die Dinge, die dir Sorgen bereiten oder die du nicht erledigen willst, auf die lange Bank zu schieben. Leider kann dich dieses Verhalten in einen Teufelskreis bringen. Das passiert, wenn die Ablenkung dein Leben immer mehr beherrscht. Mit Freunden Zeit zu verbringen, ist z.B. eine gute Sache und kann definitiv helfen, Stress abzubauen. Aber wenn du die ganze Zeit mit ihnen verbringst – Tag und Nacht, „in echt" und online, um dich von Schwierigkeiten zu Hause oder in der Schule abzulenken, ist das schon ein Verhaltensmuster der Vermeidung.

● **Übererfüllung.** Manche Vermeidungsstrategien können sogar einen positiven Anschein erwecken. Menschen mit ernsthaften Problemen widmen sich z.B. einigen Beschäftigungen voller Hingabe, um ihre negativenGefühle zu übertünchen, und schießen da weit über ihre Ziele hinaus. Sie haben ausgezeichnete Leistungen in der Schule, sind sehr gute Sportler und auch sonst total aktiv. So können sie einen total organisierten Eindruck machen. In Wirklichkeit aber soll die ganze Aktivität nur helfen, das Hauptproblem zu verdrängen.

Menschen, die ihre Ziele übererfüllen, haben oft weder Zeit noch Energie, um sich mit der Ursache ihres Stresses zu befassen, oder sie sind

sich des Problems gar nicht bewusst. Das kann sich schnell zu einem Teufelskreis entwickeln: Je mehr Zeit man seinen Beschäftigungen widmet, desto schlechter fühlt man sich. Und je schlechter man sich fühlt, desto aktiver wird man. Es läuft wie eine Spirale: Man versinkt immer tiefer in einem Loch der Isolation. Der Teufelskreis kann immer enger werden. Da die Betroffenen sich so darauf konzentrieren müssen, alles auf die Reihe zu kriegen, können sie übersehen, dass die Dinge allmählich immer schlimmer werden.

● **Aufschieben.** So ziemlich jeder schiebt langweilige oder schwierige Aufgaben hin und wieder auf. Auch unter den klügsten und erfolgreichsten Menschen gibt es bekannte (oder heimliche) „Aufschieber". Wenn du das nur gelegentlich tust, kannst du schon irgendwie durchkommen – auch wenn das dann am Ende manchmal bedeutet, bis spät in die Nacht zu pauken. Aber wenn du es bewusst als Vermeidungsstrategie einsetzt, kannst du in einen Teufelskreis geraten, weil die zu erledigenden Dinge sich zu einem Gebirge auftürmen und du zu drastischeren Maßnahmen greifen musst. Über kurz oder lang findest du dich möglicherweise in einem Chaos versäumter Termine, fauler Ausreden und nicht mehr durchschaubarer Prioritäten wieder und bis vollkommen getresst.

Aufschieben ist am gefährlichsten, wenn es zur Methode wird, um den komplizierteren Dingen des Lebens auszuweichen, wie z.B. Problemen zu Hause, dem Ende einer Beziehung oder Schwierigkeiten in der Schule. Wenn du wirklich komplizierte Probleme oder belastende Gefühle meiden willst, kann es dazu führen, dass du dich in einem ernst zu nehmenden Zustand der Angst und Verwirrung wiederfindest. Das kann damit enden, dass du in Panik gerätst und dich isoliert fühlst – bis etwas in dir bricht. Das erinnert an eine Dose mit Limonade, die man langsam schüttelt. Von außen sehen die Dinge gleich aus, aber wenn du die Schlaufe ziehst – zack – spritzt das klebrige Getränk heraus auf deine Hände und deine Kleidung, und es ist eine ziemliche Sauerei.

- **Krankheit.** Eine weitere Strategie zur Vermeidung der schwierigeren Seiten des Lebens ist das Krankwerden. Viele Schüler haben schon früh herausgefunden, dass Kranksein ein akzeptabler Grund ist, um nicht in die Schule gehen zu müssen. War es vielleicht nicht angenehm, sich auszuschlafen und sich vor dem Fernseher zu entspannen, weil du „krank" warst? Einerseits ist es verführerisch, auf diese Strategie zurückzugreifen. Andererseits ist es ein riskantes Spiel.

  Eine der Hauptursachen, warum Schüler die Schule schwänzen, ist beispielsweise die Angst, von anderen angegriffen, gehänselt oder schikaniert zu werden. Mobbing ist zwar ein ernsthaftes Problem an vielen Schulen. Aber es ist keine Rechtfertigung dafür, blauzumachen. Es ist nicht leicht, darüber zu sprechen, dass ein Mädchen ätzende Sachen über dich erzählt, oder über einen Kerl zu reden, der dich kurzerhand in den Schrank im Klassenraum verfrachtet. Aber es ist der beste Weg. Was wäre denn die Alternative? Dem Problem auszuweichen, indem du tust, als wärest du krank? Jedes Mal, wenn du schwänzt, bleibst du mit dem Unterrichtsstoff weiter zurück. Und die wirkliche Ursache deines Stresses, nämlich die Situation in der Schule, bleibt ungelöst und verstärkt deine Anspannung noch mehr.

- **Schlaf.** Es ist normal, dass du an einem Montagmorgen lieber im Bett bleiben würdest und gelegentlich am liebsten ein Nickerchen machen willst. Die meisten Jugendlichen schlafen nicht die neun bis zehn Stunden am Tag, die ihr Körper bräuchte. Deshalb ist es eigentlich eine gute Sache, sich eine großzügige Schlafpause zu gönnen. Dennoch kann es zum Problem werden, wenn du im Bett bleibst, um den Stress verursachenden Situationen auszuweichen, und dich nicht um Abhilfe kümmerst.

  Es ist nicht mehr gesund, wenn man jeden Tag zwölf Stunden schläft und am Wochenende im Bett bleibt. Denn je

STRESS UND KRANKHEIT

Krankheit vorzutäuschen, kann wie andere ad absurdum getriebene kurzfristige Bewältigungsstrategien zu einem Teufelskreis von echten, durch Stress verursachten gesundheitlichen Problemen führen. Kopfschmerzen, Probleme mit der Verdauung, Allergien, Muskelschmerzen, hoher Blutdruck, Essstörungen, chronische Müdigkeit und Depressionen – das sind nur einige der Symptome, die Stress mit sich bringen kann.

mehr du schläfst, desto ernster können deine Probleme werden. Schlaf löst keine Probleme – wenn du aufwachst, sind sie immer noch da. Die Herausforderungen, mit denen du konfrontiert bist, werden immer ernster, sodass du eventuell immer mehr schlafen willst. Irgendwann erreichst du den Zeitpunkt, an dem die Auswirkungen des Stresses dich tatsächlich daran hindern, das Bett zu verlassen.

● **Isolation.** Da deine Welt immer stressiger wird und du den Atem der Tiger im Nacken spürst, ist es ganz natürlich, dass du dich an einen sicheren Ort flüchten willst. Sich aus der Welt für eine Weile zurückzuziehen, um dich wieder zu sammeln, kann dir gut tun. Aber wenn du die Tür hinter dir schließt und nicht wieder hinausgehst, kann sich die heilende und entspannende Zurückgezogenheit in eine bedenkliche Isolation verwandeln. Auch wenn du kein eigenes Zimmer hast, kannst du dich trotzdem von anderen Menschen abschotten, indem du sie ignorierst, nicht da bist oder dich weigerst, dich an irgendetwas zu beteiligen. Wenn eine kurze Auszeit sich zu dem Bedürfnis steigert, ständig alleine zu sein, kannst du in den Teufelskreis der Isolation geraten.

Wenn du unbewusst die Isolation wählst, um den unsichtbaren Tigern auszuweichen, verlierst du den Boden unter den Füßen und die Fähigkeit, die Wirklichkeit richtig einzuschätzen. Die ist aber in schwierigen Situationen unentbehrlich. Wenn du mit deinen Gedanken allein bleibst, kann negatives oder destruktives Denken dein Selbstwertgefühl blockieren und dich in Hoffnungslosigkeit und Depression treiben.

3. Flucht – oder: Ich will damit nichts zu tun haben – niemals.

> *„Vor ein paar Jahren, als ich in einer ziemlich stressigen Situation war, habe ich einen schlimmen Fehler gemacht. Nun bin ich in Jugendhaft und vermisse mein Zuhause."*
> — Junge, 15 Jahre

> *„Manchmal wünsche ich mir, ich könnte alles aufgeben: die Schule, das Leben, einfach alles."*
> — Mädchen, 14 Jahre

Fluchtverhalten kann sich zeigen, wenn man mit der Welt um sich herum nicht mehr klarkommt und die Grenzen des Machbaren erreicht hat.

Du hast dein Bestes getan, um deine Aufgaben zu bewältigen. Aber das hat nicht gereicht. Du hast Angst, du bist überfordert, und vielleicht schämst du dich, weil du die Dinge nicht bewältigen kannst. Du denkst, die einzige Chance, die du noch hast, ist es, zu verschwinden. Dieses Verhaltensmuster ist ein Zeichen dafür, dass du die Spur verloren hast und dringend Hilfe brauchst.

Wenn du das Gefühl hast, überfordert, verzweifelt oder am Rande deiner Möglichkeiten zu sein, kann die Flucht dir als einziger Ausweg erscheinen. Aber dadurch bringst du noch viel mehr Chaos in dein Leben, und die Schwierigkeiten gehen davon nicht weg. Außerdem tauchen zusätzliche Probleme auf, die dich viele Jahre belasten können... oder vielleicht dein ganzes Leben lang.
Sich auf solche Stressbewältigungsstrategien zu verlassen, ist wie der Versuch, ein Loch im Damm mit dem Finger zu schließen. Eine Weile funktioniert das, dann aber durchbricht der wachsende Druck den Damm an einer anderen Stelle, und dann an noch einer und an noch einer... Irgendwann hast du einfach nicht mehr genügend Finger. Solche Verhaltensweisen können dir zwar für kurze Zeit Erleichterung verschaffen, sie sind aber kein Ersatz für die Methoden des Stressmanagements, über die du im nächsten Kapitel lesen wirst. Und jetzt lass uns einen Blick auf die Mythen über Stress werfen!

Tobiasdamm

BEISPIELE FÜR GEFÄHRLICHES FLUCHTVERHALTEN

- Schule schwänzen oder abbrechen
- von zu Hause ausreißen
- Alkohol- oder Drogenkonsum
- Sucht nach Essen, Sex, Glücksspielen oder Internet
- übertriebenes Engagement in bestimmten Fächern, bei Sport- oder anderen Aktivitäten
- andere Menschen verletzen
- Lügen als Lebensstrategie
- sich selbst Verletzungen zufügen, Selbstmordversuche

> **SUCHE DIR HILFE!**
>
> Wenn du dich in Fluchtverhalten verstrickt hast oder auf
> dem besten Weg dazu bist, dann suche dir jemanden,
> mit dem du darüber sprechen kannst. Merke dir: Wenn
> du mit mehr zu kämpfen hast, als du schaffen kannst,
> ist ein Hilferuf kein Zeichen von Schwäche. Es ist ein
> Zeichen von Stärke und Mut, weil du die Situation
> verbessern willst. Du kannst das Gespräch z.B. so an-
> fangen: „Ich habe ein paar Probleme mit manchen
> Dingen. Kann ich mit dir darüber reden, wie es mir
> geht?" Im Teil Erste Hilfe bei Tigerbissen (S. 125 ff.)
> findest du noch mehr Ideen, wie man Hilfe finden kann.

10 MYTHEN ÜBER DEN STRESS

Einige Mythen über Stress erschweren es dir, Herausforderungen erfolgreich zu
bewältigen. Wenn du einem dieser Mythen Glauben schenkst, werden dich die
unsichtbaren Tiger mit Sicherheit einholen.

10 Mythen über den Stress

Mythos 1. So, wie ich denke und fühle, muss ich verrückt sein ... Du bist
nicht verrückt. Stress kann bei jedem ängstliche Gedanken und beklemmende
Gefühle auslösen. Das bedeutet aber nicht, dass mit dir irgendetwas nicht
stimmt. Dein Leben ist einfach voller Herausforderungen, und du bist immer
noch dabei, zu lernen, wie man mit Stress-Situationen am besten umgeht.

**Mythos 2. Ich muss diese Ängste und Probleme selbst bewältigen:
Wenn ich um Hilfe bitte, gebe ich zu, dass ich nicht clever und cool
genug bin.** Eigentlich stimmt das Gegenteil. Wenn man versucht, schwierige
Situationen alleine zu lösen, führt das meistens zu größeren Problemen.
Um Hilfe zu bitten, wenn du sie brauchst, ist immer der klügste Weg,
um gesund zu bleiben und dein Bestes zu geben.

Mythos 3. Niemand wird verstehen, wie es mir geht. Stimmt, nicht jede Person, die für dich wichtig ist, kann deine Sorgen genau nachvollziehen und wissen, wie dir geholfen werden kann. Aber irgendjemand kann das ganz sicher. Wenn du das Gefühl hast, dass eine Person dich nicht ernst nimmt, dann wende dich an jemand anderen, bis du die- oder denjenigen gefunden hast, der dir helfen kann.

Mythos 4. Ich kann durch Nachdenken erreichen, dass ich mich nicht mehr so schlecht fühle. Das stimmt leider so nicht ganz. Gefühle verfügen über keine Intelligenz. Das bedeutet, dass du sie durch Denken nicht direkt ändern kannst. Wenn wir über Gefühle nachdenken, regen wir uns normalerweise auf. Die Aufregung löst keine Probleme und führt dazu, dass wir uns noch schlechter fühlen. Die Aufregung funktioniert genauso, wie wenn man das gleiche Lied immer wieder laufen lässt: Man kaut die gleichen Gedanken darüber, was passieren könnte, wieder und wieder durch. Diese Befürchtungen können dich fertigmachen. (Eine ganz andere Sache ist es, wenn man seine Einstellungen und die Herangehensweise an die Dinge ändert: Das wirkt sich natürlich auf die Gefühle aus, die man hat!)

Mythos 5. Wenn ich mich immer beschäftige, werde ich mich besser fühlen. Wenn du aktiv bleibst, hilft es dir, dich nicht mit kleineren Problemen aufzuhalten. Die großen Probleme, die für den Hauptstress in deinem Leben verantwortlich sind, werden aber so lange nicht verschwinden, bis du dich ihnen stellst und sie auf eine konstruktive Weise angehst. Zu viel Aktivität kann dich tatsächlich in einen Teufelskreis treiben (siehe S. 19) und zur Folge haben, dass es dir im Laufe der Zeit allmählich noch schlechter geht.

Mythos 6. Wenn ich heute durchhalte, dann muss es morgen einfach besser werden. Vielleicht. Vielleicht auch nicht. Wenn du einige Zeit verstreichen lässt, ist es möglich, dass deine Sorgen kleiner und weniger ernsthaft erscheinen werden. Richtig ist aber auch: Wenn du versuchst, Probleme auf die lange Bank zu schieben, kann das zu härteren Zeiten führen. Wegen des täglichen Stresses verlierst du mehr von der Energie und der Form, die du brauchst, um den alltäglichen Herausforderungen beizukommen.
Die beste Strategie besteht darin, die negativen Gefühle unverzüglich anzugehen, sobald du dir dieser bewusst geworden bist.

Mythos 7. Ich muss in der Lage sein, die Dinge selbst zu durchschauen.
Wer sagt das? Wenn man sich mitten in einer Stress-Situation befindet, ist das
wohl die ungünstigste Zeit dafür, um herauszufinden, was man zur Verbesserung der Lage tun sollte. Wenn du versuchst, eine Lösung für dich alleine
auszuloten, versagst du dir selbst das Wissen, die Erfahrung und Unterstützung
anderer. Ein Erwachsener deines Vertrauens, vielleicht auch ein Freund kann
dich mit seiner Sicht von außen auf den richtigen Weg bringen.

Mythos 8. Das Leben ist hart. Das Leben hat tatsächlich viele ernste Seiten.
Aber wenn du den Druck schwieriger Zeiten nicht mit Spaß, Erholung und
Entspannung ausgleichst, machst du es dir noch schwerer. Du verdienst es,
mit dir und deinem Leben zufrieden zu sein.

Mythos 9. Ich muss nur mal für einige Zeit alleine sein. Manchmal hilft es,
für sich zu sein. Aber wenn du die Hauptursachen für Stress nur damit bekämpfst, dass du dich zurückziehst, und es vermeidest, mit jemandem zu
sprechen, dann kannst du schnell den Bezug zur Realität verlieren.

Mythos 10. Ich habe keine Zeit dafür, die Methoden des Stressmanagements zu trainieren und anzuwenden. Falsch: Bei den Basics des Stressmanagements geht es um Tätigkeiten, die bei dir wahrscheinlich ohnehin jeden
Tag anfallen. Dazu gehören solche Dinge wie das richtige Essen, Sport, Erholung
und Spaß. Wenn du die Methoden zur Tigerzähmung kennenlernst – z.B. Zeitmanagement, Entspannungsübungen und das Setzen von Zielen – kannst du
im Gegenteil noch mehr Freizeit für dich gewinnen.

Und jetzt das Entscheidende, die Quintessenz ... die Wahrheit über Stress

Es gibt keinen Stress auf der Welt.
Das ist die Wahrheit: Es gibt keinen Stress auf der Welt. Bist du überrascht?
Denke darüber nach. Wo würdest du ihn suchen? In Berlin? In der Wüste Gobi?
Bei Google? In deiner Hosentasche? In Shanghai, China? Stress ist nicht einfach
irgendwo „da draußen"!

Stress ist etwas, das in den Menschen geschieht – in dir. Er ist das Ergebnis
deiner Gedanken und Gefühle bezüglich deiner Erlebnisse und der Heraus-

forderungen, mit denen du konfrontiert wirst. Um das besser zu verstehen, stelle dir folgende zwei Situationen vor:

1. Du bist im Tierpark und hast viel Spaß dort. Nun bittet dich jemand vom Personal, beim Füttern der Tiger zu helfen, obwohl du mit diesen Tieren keine Erfahrung hast. Du schaust auf die Tiger. Die Tiger schauen dich an (Mittagessen!). Irgendwie bist du von der Idee, die Tiger zu füttern, nicht gerade begeistert.

2. Du bist im Tierpark und amüsierst dich wunderbar. Jemand vom Personal bittet dich, beim Füttern der Tiger zu helfen. Glücklicherweise hast du die Tierpfleger-Schule mit Bestnoten abgeschlossen. Du beherrschst die Methoden und hast die notwendigen Kenntnisse, um diese Aufgabe zu übernehmen. Also betrittst du selbstsicher das Gehege.

Die Tiger sind in beiden Szenarien dieselben. Der Unterschied besteht darin, was du empfindest. Und das hängt davon ab, über welche Fähigkeiten du verfügst. Ein Test, auf den du dich nicht vorbereitet hast, macht dich mit Sicherheit nervös.
Nach einer guten Vorbereitung wird dir derselbe Test wie eine leichte Übung erscheinen. Das gilt auch für viele Stress-Situationen. Die richtigen Fähigkeiten, Fertigkeiten, Kenntnisse können den Unterschied zwischen Stressbelastung und Lebensfreude ausmachen. Im nächsten Teil werden einige der sehr wichtigen Fähigkeiten, mit denen man Tiger zähmen kann, beschrieben.

TiGER-HEiM

2. TEIL

10 METHODEN DER TIGERZÄHMUNG

Musikhören, Shopping und andere Dinge können dich für kurze Zeit von deinen Sorgen ablenken. Aber die Herausforderungen sind immer noch da, sobald du auf den Stopp-Knopf drückst oder deine Einkaufstour beendest.
Andererseits können die Methoden des Stressmanagements dir dabei helfen, den Stress in deinem Leben zu reduzieren. Außerdem werden sie ein Werkzeug sein, das du künftig einsetzen kannst, um mit Druck zurechtzukommen. Welche Methoden des Stressmanagements gibt es? Im folgenden Teil lernst du zehn Methoden kennen!

6 ÜBERNIMM DIE REGIE IN DEINEM LEBEN ▶ S. 79

Wie du deine Ziele findest und deine Träume verwirklichen kannst.

7 MACHE DIE ZEIT ZU EINEM VERBÜNDETEN ▶ S. 89

Vermeide Stress durch geschicktes Zeitmanagement.

8 TRAU DICH, UND VERSUCHE ETWAS NEUES ▶ S. 99

Sinnvolle Möglichkeiten, wie du dich selbst herausforderst
und weiterentwickelst.

9 BEHALTE FESTEN BODEN UNTER DEN FÜSSEN ▶ S. 109

So triffst du die richtigen Entscheidungen für dich.

10 SCHAU AUF DIE SONNENSEITE ▶ S. 117

Erkenne deine positiven Seiten und
diejenigen der Welt um dich herum.

Manche dieser Methoden und Tipps
wirst du sicher schon kennen,
mit anderen wirst du weniger
vertraut sein.
In den folgenden Kapiteln
hast du Gelegenheit,
alle auszuprobieren und
herauszufinden, was
für dich am besten
funktioniert.

„Manchmal, wenn meine Brüder sich zoffen und rumbrüllen, mache ich einen langen Spaziergang, um mich zu beruhigen. Das mache ich sogar, wenn es regnet. Danach fühle ich mich immer besser."
— *Mädchen, 13 Jahre*

„Sport ist mein Ventil. Ohne Sport könnte ich nicht leben."
— *Mädchen, 16 Jahre*

„Nach einem Training hab' ich mehr Energie für den Rest des Tages. Wenn ich's mal sausen lasse, fühle ich mich schnell träge, und es fällt mir schwer, meinen Kram zu erledigen."
— *Mädchen, 14 Jahre*

„Wenn ich gestresst bin, geh' ich schwimmen. Beim Schwimmen werd' ich all das negative Zeug in meinem Kopf los und seh' klarer."
— *Junge, 15 Jahre*

BEWEG DICH

1

Regelmäßige Bewegung ist eine der besten Methoden des Stressmanagements. Besonders nützlich ist sie in Zeiten, in denen der Druck sehr hoch ist. Denn dann ist dein Körper voll mit den Stoffen, die bei der Fight-or-Flight-Reaktion freige-setzt werden – er steht sozusagen in den Startlöchern. Die meisten körperlichen Aktivitäten führen dazu, dass Cortisol und andere von deinem Köper produzierte Stresschemikalien verbraucht werden. Wenn du während dieser Zeiten nicht aktiv bist, kannst du dich aufgeregt, unruhig, unwohl und sogar krank fühlen.

DIE VORTEILE, WENN DU DICH VIEL BEWEGST

Die positiven Auswirkungen körperlicher Aktivität bestehen nicht nur darin, dass du deinen Körper von den Chemikalien befreist, die die Stressgefühle in dir auslösen. Denn durch Bewegung werden andere Stoffe freigesetzt, darunter Endorphine, die bewirken, dass du dich besser fühlst. Schon wenn du dich zu bewegen beginnst, fühlst du dich heiterer, und deine Stimmung bessert sich. Deshalb kann nach einem besonders harten Tag eine kurze körperliche Anstrengung dir helfen, wieder zur Ruhe zu kommen, dich zu entspannen – und du kannst sogar besser schlafen.

Sport hat auch große Auswirkungen auf deine Gesundheit. Regelmäßige Bewegung kann die ganze Chemie in deinem Körper verändern. Je fitter du wirst, desto besser schafft es dein Körper, Kalorien in Energie umzuwandeln. Das bedeutet, dass du weniger Fett ansetzt und mehr Energie aus der Nahrung nutzt, die du zu dir nimmst. Die Gesamtwirkung ist: Du verspürst seltener Hunger, du isst weniger und hast ganz automatisch Appetit auf die Sachen, die dir gut tun.
Dein Herz, deine Lungen, Muskeln und die anderen wichtigen Körperteile werden stärker und funktionieren besser. Forscher haben festgestellt, dass regelmäßiger Sport sogar dein Leben verlängern kann!
Dass du deinen Körper so gut behandelst, wird mit der Zeit dein Selbstwertgefühl steigern und dir das Gefühl geben, dass du für dich selbst Verantwortung übernimmst.

Die richtige Sportart, das richtige Training

Wo beginnen?
Überlege dir, welche Sportarten dir liegen. Eher der Mannschaftssport, wo dich der Teamgeist zusätzlich befeuern kann? Oder bist du mehr der „Einzelkämpfer"? Magst du Ballspiele, oder hast du es mehr mit der Ausdauer? Grenze für dich ein, ob du zum Joggen, Schwimmen, zu Fitnessstudio oder zu Volleyball, Basketball, Badminton oder anderem tendierst. Vielleicht hilft dir auch dein Sportlehrer, oder du schließt dich einem Verein an. Hier wird man dich auch hinsichtlich der Häufigkeit und der Intensität beraten können.

MEDIENTIPP

Zahlreiche Informationen und auch Trainingspläne zu einzelnen Sportarten findest du hier:
www.richtigfit.de

Deinen persönlichen Kalorienverbrauch bei verschiedenen Sportarten findest du auf der folgenden Seite. Dann kannst du dir einen Aktivitätsplan zusammenstellen, um deinen Energiehaushalt ins Reine zu bringen, falls nötig.
www.fitrechner.de

LÄUFERHOCH

Hast du schon etwas vom Läuferhoch (Runner's High) gehört? So bezeichnet man das Hochgefühl, das Menschen manchmal während oder nach dem Training verspüren. Körperübungen beeinflussen den Hormonspiegel im Körper. Dein Gehirn schüttet Endorphine und andere Stoffe aus, die deine Stimmung steigern und ein Hochgefühl auftreten lassen.

„Es ist schwieriger, sich gut zu ernähren, aber es lohnt sich, sich ein bisschen mehr Mühe zu geben. Durch angemessene Mahlzeiten bleibt mein Körper gesund, und ich kann mich besser konzentrieren."
— *Mädchen, 16 Jahre*

„Seit der 4. Klasse leide ich an Übergewicht. Erst mit Hilfe eines Ernährungsprogramms fühle ich mich gesünder."
— *Junge, 13 Jahre*

„Früher dachte ich, dass ich keine Zeit für normale Mahlzeiten und gesunde Snacks habe. Jetzt, wo ich mich daran gewöhnt habe, dass ich mich durch gute Ernährung total wohl fühle, kann ich's mir gar nicht anders vorstellen."
— *Junge, 15 Jahre*

„Junkfood ist überall. Wie soll man da drauf verzichten?"
— *Junge, 14 Jahre*

2 STRESS BEKÄMPFEN DURCH GESUNDES ESSEN

Wenn du energiegeladen und aktiv sein und Stresssituationen gekonnt managen willst, solltest du deinen Tank mit dem richtigen Treibstoff füllen. Gesunde Lebensmittel, wie Obst, Gemüse und Vollkornprodukte, versorgen dich mit Vitaminen, Mineralien, Proteinen und anderen Nährstoffen, die dein Körper braucht, um sein Bestes zu geben. Andere Nahrungsmittel, an die du leider oft unkomplizierter rankommst, sind nicht gut für deine Gesundheit. Eine schlechte Ernährung kann nicht nur, im schlimmsten Fall, Krankheiten, wie Diabetes oder Fettleibigkeit, nach sich ziehen, sondern auch Stressgefühle erhöhen.

WARUM ES SO WICHTIG IST, SICH GESUND ZU ERNÄHREN

Dein Essen beeinflusst alle Zellen deines Körpers. Jede Körperfunktion, angefangen bei der Wundheilung bis hin zur Konzentrationsfähigkeit, hängt von der Leistungsfähigkeit dieser Zellen ab.

20 Milliarden Zellen brauchen beispielsweise allein in deinem Gehirn Proteine und Vitamine, um miteinander zu kommunizieren und um zusammenzuarbeiten. Die Menge an diesen und anderen Nährstoffen in deiner Nahrung nimmt Einfluss darauf, wie gut du dich bei einer stressigen Prüfung konzentrieren kannst. Außerdem versorgst du dich durch gesunde Ernährung mit der nötigen Energie, um Bestleistungen bringen zu können. Deine Zellen können insofern praktisch direkt zwischen gesunder Nahrung und Junkfood unterscheiden. Du wirst also nicht mehr zu deinen besten Leistungen in der Lage sein, wenn du sie „falsch behandelst".

Um gesund zu bleiben, brauchen Jugendliche normalerweise 2200 bis 3100 Kalorien am Tag (das hängt auch von genauem Alter und Geschlecht ab). Sehr wichtig ist dabei eine ausgewogene Ernährung. Ein Wachstumsschub kann die Menge der für dich notwendigen Kalorien beeinflussen.

SCHLECHTE ERNÄHRUNGSGEWOHNHEITEN

FRISCHES OBST UND GEMÜSE

Allgemein sind frische Lebensmittel gesünder als Fertigprodukte. Auch Fertigprodukte aus Obst und Gemüse enthalten oft viel Fett, Zucker und künstliche Zusatzstoffe.

Während Gemüse, Obst und andere gesunde Lebensmittel deinen Körper gegen Stress widerstandsfähiger machen und dir dabei helfen, in Stress-Situationen einen klaren Kopf zu bewahren, können andere Bestandteile deiner Ernährung deine Fähigkeit beeinträchtigen, unter Druck zu „funktionieren". Darum ist es zum einen wichtig, sich gesund zu ernähren – und zum anderen, den Konsum ungesunder Produkte in Grenzen zu halten.

Koffein

Koffein ist eine sehr verbreitete Droge, die in Kaffee, Tee, manchen Sorten von Limo, Energizern und vielen anderen Getränken enthalten ist. Es kann auch in Nahrungsmitteln versteckt sein, z.B. in Schokolade, und sogar in Aspirin, Medikamenten gegen Erkältung, Hustensirup und anderen rezeptfreien Mitteln.

Koffein gibt müden und erschöpften Menschen vorübergehend einen Aufschwung. Aber die Energie, die es spendet, unterscheidet sich von der, die du durch deine übrige Ernährung und durch Sport bekommst. Wie jede andere stimmungshebende Droge auch, versetzt Koffein deinen Körper letztendlich in einen künstlichen Zustand.

Warum kann Koffein zum Problem werden? Weil es eine physische Reaktion hervorruft, die man mit der Fight-or-Flight-Reaktion vergleichen kann. Unter Einfluss von Koffein produziert der Körper höhere Mengen des Stresshormons Cortisol: Je mehr Koffein du konsumierst, desto gestresster fühlst du dich. Eine geringe Menge kann deine Leistung eventuell verbessern. Aber man kann leicht übertreiben. Statt dich energiegeladen zu fühlen, bist du dann nervös und angespannt. Die Droge kann deine Sorgen so steigern, dass du ständig über die Schulter nach unsichtbaren Tigern Ausschau hältst.

Die Nebenwirkungen von zu viel Koffein ähneln den Symptomen einer Überbelastung. Bei einer Überdosis spürst du die unsichtbaren Tiger überall um dich herum. Leider kann Koffein auch abhängig machen. Dann ist es wie bei jeder anderen Sucht: Je mehr du konsumierst, desto mehr brauchst du, um den gleichen Effekt zu erreichen. Falls du dann beschließt, deinen Koffeinkonsum zu reduzieren oder ganz aufzugeben, können Entzugserscheinungen eintreten, z.B. Kopfschmerzen. Am besten hältst du also deinen Koffeinkonsum so in Maßen, dass du gar nicht erst abhängig davon wirst ...

MÖGLICHE NEBEN-WIRKUNGEN VON KOFFEIN SIND Z.B.:

- Ruhelosigkeit
- Nervosität
- Reizbarkeit
- Zittern
- Schlaflosigkeit und Albträume
- feuchte Hände und Füße
- unregelmäßiger Herzschlag
- nervöser oder verstimmter Magen/Darm
- Panikattacken (plötzliches Gefühl überwältigender Angst, das ohne Vorwarnung oder ersichtlichen Grund auftritt)

Zucker

Wie Koffein ist auch Zucker in unserer Ernährung sehr verbreitet. Man übersieht ihn oft in Produkten, weil er je nach Zuckerart verschiedene Namen haben kann, einschließlich Glukose, Saccharose, Fruktose und Maissirup. Diese und sonstige Formen des verarbeiteten Zuckers sind chemisch wirksam, und dein Körper absorbiert sie schnell, sodass sie ins Blut gelangen. Dann spürst du ein „Zuckerhochgefühl", ein Gefühl, als ob du einen Energieschub bekommen hättest. Das dauert aber nur etwa eine Stunde lang an, danach sinkt der Blutzuckerspiegel wieder ab. Deshalb können große Mengen an Zucker Stimmungsschwankungen verursachen: Mal fühlst du dich obenauf, mal müde und mürrisch.

Was verursacht das „Zuckerhochgefühl"? Einfach ausgedrückt: Ein plötzlicher Anstieg des Zuckers im Blut überrascht deine Bauchspeicheldrüse, die normalerweise ein ruhiges und stabiles Organ ist. Sie hält den normalen Zuckerspiegel im Blut aufrecht. Du kannst dir die Aufregung vorstellen, wenn die einlaufenden Riesenmengen Zucker plötzlich mit einem Schlag Alarm auslösen. Während in dir die zuckerbedingte Energie ansteigt, erhöht die Bauchspeicheldrüse ihre Geschwindigkeit und produziert Insulin, um die wachsende Zuckermenge zu absorbieren und zur Leber zu transportieren.

Manchmal entfernt die Bauchspeicheldrüse dann zu viel Zucker aus dem Blut, was dich wieder schläfrig machen kann. Du kannst dich schlapp oder reizbar fühlen, und bald ruft dich der Süßigkeitenautomat wieder. Wenn du nachgibst und ein weiteres zuckerhaltiges Getränk oder einen Schokoriegel kaufst, findest du dich mitten in der Zucker-Achterbahn wieder: Auf (Zuckeranstieg), ab (Zuckerrückgang), auf (Zuckeranstieg), ab (Zuckerrückgang) und so weiter und so weiter. Das Problem ist dabei, dass jedes weitere „Ab" dich tiefer stürzen lässt als das vorige – und am Ende des Tages bist du fix und fertig.

Die Zucker-Achterbahn macht dich schlapp – und Koffein scheint da ein gutes Gegenmittel zu sein. Wenn man aber viel Zucker mit Koffein kombiniert, stellt man sich selbst ein Rezept für Erschöpfung und Verwirrung aus. Ein Stoff (Zucker) gibt dir einen Schub und lässt dich später in einen „depressiven" Zustand fallen. Der andere Stoff (Koffein) täuscht dich mit künstlicher Energie, die Kopfschmerzen auslösen und dich dazu bringen kann, deine Ängste aufzubauschen. Während ein mäßiger Konsum von Koffein und Zucker nicht zu wesentlichen gesundheitlichen Problemen führt, kann Reduzierung dir sicherlich dabei helfen, deinen Stress zu beherrschen.

EINE STUNDE SPÄTER

WAS DARAN SO SCHWIERIG IST, SICH GESUND ZU ERNÄHREN

Leider haben viele von uns ein stressiges Leben, in dem gesunde Ernährung nicht gerade oben auf der Prioritätenliste steht. Während eines anstrengenden Tages kommt es schon mal vor, dass keine Zeit für eine „vernünftige" Mahlzeit ist. Statt das zu essen, was dir gut tut, ist es einfacher, bei einem Fast-Food-Restaurant vorbeizuschauen oder sich aus dem Supermarkt eine Kleinigkeit zu holen. Es ist, wie du vielleicht aus eigener Erfahrung weißt, kein Problem, Kartoffelchips, Schokoriegel, Limonade, Burger oder auch Pommes „aufzutreiben". Aber solche Lebensmittel sind nun mal meist nicht sehr nahrhaft, im Gegenteil, sie können bei übermäßigem Konsum deiner Gesundheit sogar schaden.

DIE LUST AUF ZUCKER

Der durchschnittliche Deutsche konsumiert pro Jahr 36 kg Zucker. Er trinkt rund 90 Liter Limonade.
Eine Dose normale Cola (0,33 l) enthält 12 Stück Würfelzucker.
Der hohe Konsum von Limonaden wird in Zusammenhang gebracht mit erhöhtem Risiko von schlechten Zähnen, Fettleibigkeit, Diabetes und der Knochenkrankheit Osteoporose. Sportgetränke, mit denen man doch eher Gesundheit und Fitness assoziiert, enthalten oft ebenfalls sehr viel Zucker.

Es ist nicht immer einfach, sich gut zu ernähren. Besonders schwierig kann es für dich werden, wenn dieses Thema in deiner Familie keine Rolle spielt. Betrachte die Jagd nach gutem Essen als eine positive Herausforderung. Informiere dich, und tu dein Bestes, um eine richtige Auswahl zu treffen. Manchmal bedeutet das nur, Ungesundes zu vermeiden. Und manchmal kann es bedeuten, in einem Fast-Food-Restaurant einen Salat statt Frittiertem zu bestellen.

Außer, dass du „gesunden Kraftstoff tankst", wird dir das Wissen, dass du deinen Körper richtig behandelst, ein gutes Gefühl geben.

Weitere Informationen zum Thema „Ernährung" findest du unter dem Suchwort „Ernährung" hier: **www.aponet.de**

WICHTIG!

Jetzt haben wir so viel über gesunde Ernährung gesprochen. Vergiss aber das Wasser nicht! Hast du gewusst, dass Wasser 70 % unseres Körpers ausmacht? Es ist so! Diesen Anteil konstant zu halten, ist entscheidend für unsere Gesundheit. Das Blut mit seinen vielen lebenswichtigen Funktionen besteht fast vollständig aus Wasser. Es hält beispielsweise die Körpertemperatur aufrecht bzw. reguliert sie, reinigt den Körper und stellt sicher, dass die Organe mit wichtigen Nährstoffen versorgt werden. Deshalb ist es sehr wichtig, genug Wasser zu trinken.

Wie viel Wasser genau brauchst du? Das hängt davon ab, wie alt du bist, was du isst, wie sehr du deinen Körper belastest usw. Am besten trinkst du aber mindestens anderthalb Liter pro Tag. Wenn dir das schwerfällt, mache es zu einer Aufgabe, alle zwei Stunden ein Glas zu trinken. Trage eine Flasche mit Wasser bei dir, und fülle sie nach, wenn notwendig. Dein Körper wird dir dafür danken!

„Entspannung am
Ende eines an-
strengenden
Tages hilft mir,
den Stress hinter
mir zu lassen."
— *Junge, 16 Jahre*

„Meine Mutter hat mir das
Meditieren beigebracht.
So lerne ich, abzuschalten."
— *Junge, 13 Jahre*

„Atmen scheint die einfachste Sache der Welt
zu sein – du machst es einfach, solange du lebst.
Aber ich hätte nie gedacht, dass die Art,
wie ich atme, so entscheidend ist dafür,
wie ich mich fühle!"
— *Mädchen, 15 Jahre*

„Wer hätte gedacht, dass es
beim Entspannen eigentlich
um Konzentration geht?"
— *Mädchen, 14 Jahre*

3 FINDE DEN RUHENDEN POL IN DIR

Wir alle haben Momente, in denen uns das Leben zu viel abzuverlangen scheint und wir uns unkonzentriert und unsicher fühlen. Manchmal hat man das Gefühl, während eines Sturms auf einem kleinen Boot auf dem Ozean unterwegs zu sein. Die Wellen – unsere Gefühle – schaukeln uns hin und her; die Dinge, die uns belasten, blasen uns um die Ohren.

In solchen Augenblicken ist es ganz natürlich, wenn wir uns fragen, wie wir das alles schaffen sollen.

Das Auge des Sturms zu finden – den ruhigen Ort inmitten von Chaos, Aufregung und Verwirrung – darum geht es letztendlich. Einen Ort, an dem du dich erholen und deine Kräfte wieder sammeln kannst. Die Entspannungstechniken werden dir dabei helfen, diesen ruhigen Ort zu finden.

WAS VERSTEHT MAN UNTER ENTSPANNUNGSTECHNIKEN?

Beim Wort „Entspannung" denkst du vielleicht an Videospiele oder eine andere Beschäftigung, die dir eine Pause vom Stress in deinem Leben verschafft. Aber richtige Entspannung bedeutet tatsächlich, einfach nichts zu tun. Mit Entspannungstechniken kannst du körperlich völlig ruhig sein, während dein Geist wach, aber „neutral" konzentriert bleibt. Bestimmte Aktivitäten, die du für Entspannung halten magst, vermitteln dir vielleicht ein gutes Gefühl. Aber es sind eher Ablenkungsstrategien, also Verhaltensweisen, um das Stressgefühl lediglich zu umgehen. Wahre Entspannung gönnt Körper und Geist eine tiefe Erholung und hilft dir, dich von den unsichtbaren Tigern, die dich verfolgen, zu befreien, statt dich nur vor ihnen zu verstecken.

Wenn man weiß, wie man sich entspannt und den ruhenden Pol in sich findet, kann man seinen Körper in Topform halten und die Tiger zähmen. Wenn du ständig angespannt bist, haben deine Muskeln nie eine Pause. Dieser konstante Stress kann deinen ganzen Körper erschöpfen und Schmerzen verursachen. Irgendwann kommst du an den Punkt, an dem du dich nur noch müde fühlst und jede Flexibilität verlierst, sodass die Erledigung sogar einfacher alltäglicher Aufgaben dir schwerfällt und dir mehr Energie abverlangt.

GEHIRNWELLEN

Millionen von Zellen in deinem Gehirn kommunizieren mit Hilfe der Elektrizität. Diese elektrische Kommunikation kann mit High-Tech-Sensoren gemessen werden, wobei sie auf dem Bildschirm in Form von Wellen sichtbar wird. Es gibt verschiedene Arten von Gehirnwellen, abhängig davon, ob du gestresst oder ruhig bist oder ob du schläfst. Forscher haben herausgefunden, dass Entspannungsübungen die so genannten Alpha-Wellen verstärken. Diese weisen darauf hin, dass man aufmerksam und körperlich und geistig entspannt ist.

Ähnlich ist es mit dem Verstand: Ständiges Nachdenken oder ständige Sorge wegen all der Schwierigkeiten in deinem Leben können zu einer richtigen Erschöpfung führen. Wenn du nicht weißt, wie du dich auch mal entspannen kannst, kann es passieren, dass du irgendwann nicht mehr dazu in der Lage bist, klar zu denken und kreativ zu sein. Die Entspannungstechniken können dir dabei helfen, dich zu sammeln, sodass du dich wieder ruhig und belastbarer fühlst.

ABLENKUNGSSTRATEGIE ODER WIRKLICHE ENTSPANNUNG?

Erkennst du auf dieser Liste die wahren Entspannungstechniken?
1. fernsehen
2. spazierengehen
3. dich auf deinen Atem konzentrieren
4. ein Nickerchen machen
5. deine Muskeln abwechselnd spannen und entspannen
6. ein Buch lesen
7. meditieren
8. mit einem Freund online chatten

Wie du bestimmt erraten hast, gehören die Nummern 3, 5 und 7 zu den Entspannungstechniken. Alle anderen Tätigkeiten, egal wie angenehm sie sind, sind Ablenkungsstrategien. Fernsehen, Lesen und Chatten können zwar Spaß machen und dich von Schwierigkeiten ablenken, es sind aber keine Entspannungstechniken, weil dein Gehirn beschäftigt bleibt und deine geistige Konzentration nicht „neutral" ist. Spazierengehen kann eine schöne Pause sein, ist aber keine Entspannungsübung, weil du körperlich aktiv bleibst, auf den Verkehr aufpassen musst und deine Gedanken leicht zu deinen Sorgen abschweifen können. Schlafen ist auch keine Entspannungstechnik, weil es kein kontrollierter Zustand ist und du nicht aufmerksam bist. Albträume sind ein Beweis dafür, dass Schlaf nicht immer entspannend ist.

Mit den Ablenkungsstrategien fühlst du dich nur vorübergehend besser, da sie dich von Aufregung und Anspannung – klar – nur ablenken. Die einzigen Ent-

spannungstechniken auf der Liste sind das konzentrierte Atmen, die Meditation und die Muskelentspannung. Das sind die Techniken, bei denen du ruhig und wachsam bleibst und einen neutralen geistigen Fokus hast.

KONZENTRIERTES ATMEN

Körper und Geist beeinflussen sich gegenseitig sehr stark. Deine Gedanken und Gefühle wirken sich auf die Chemie deines Körpers aus. Gleichzeitig beeinflusst dein körperliches Befinden Verhalten und Stimmung. Wenn Körper und Geist im Gleichgewicht sind, fühlst du dich viel entspannter, ausgeruhter und ausgeglichener. Konzentriertes Atmen ist eine einfache Möglichkeit, um inmitten eines stressigen Tages eine Weile Ruhe zu finden.

Wenn du nervös, aufgeregt oder wütend bist, geht dein Atem viel schneller, und du spürst womöglich ein beengendes Gefühl in deiner Brust. Die Folge ist eine kurze, flache Atmung, die deinen Körper nicht mit ausreichend Sauerstoff versorgen kann. Wenn du aber entspannt und ruhig bist, ist deine Atmung langsamer und tiefer und sehr regelmäßig. Das zeugt von einer ruhigen Psyche.

Wie atmest du jetzt im Augenblick? Wahrscheinlich tief und langsam, weil du dasitzt und ein Buch liest. Achte beim nächsten Mal, wenn du gestresst bist, auf deine Atmung. Wahrscheinlich ist sie dann viel schneller und flacher. Schon wenn du nur dasitzt und dir über irgendetwas Sorgen machst, kann sich deine Atmung ändern. Die gute Nachricht lautet, dass du lernen kannst, deine Atmung zu kontrollieren, um ruhiger zu werden – auch in Phasen mit hoher Stressbelastung. Mit der folgenden Übung erfährst du, wie das funktioniert.

WICHTIG!

Bevor du diese Übung vollständig beherrschst, kannst du dir vielleicht von jemandem die einzelnen Schritte vorlesen lassen, während du sie ausführst. Du kannst dich mit einem Freund abwechseln: Der eine liest, der andere entspannt sich.

Vorbereitung

- Suche dir einen geeigneten Platz für diese Übung. Du brauchst eine bequeme Stelle, wo du dich hinlegen kannst, wo es ruhig ist und wo du nicht gestört wirst.
- Lockere enge Kleidung und deinen Gürtel, falls er dich beim Atmen behindern könnte. Vielleicht ist es auch bequemer, wenn du die Schuhe ausziehst.
- Achte darauf, dass du die Übung bis zum Ende machst. Wenn du früher abbrichst, ist sie nicht so nützlich.
- Sage eventuell den anderen Bescheid, was du machst, damit sie nicht unverhofft ins Zimmer kommen.
- Wiederhole alle Schritte der Übung 3- oder 4-mal. Deine Atmung sollte tiefer und langsamer werden, damit du dich ruhiger fühlst. Achte darauf, dass dein Atemrhythmus wieder normal wird, bevor du aufstehst.

DAS ZWERCHFELL

In der folgenden Übung spielt das Zwerchfell eine wichtige Rolle. Es ist ein entscheidendes Atmungsorgan und trennt Brust- und Bauchhöhle voneinander. Es handelt sich dabei um eine Muskel-Sehnen-Platte, die dafür sorgt, dass der Brustkorb sich beim Atmen ausdehnen kann. Beim normalen, ruhigen und entspannten Atmen senkt es sich, die Lunge kann sich ausdehnen, und ihr unteres Drittel wird „durchlüftet". Wie das funktioniert, kannst du dir hier anschauen: http://de.wikipedia.org/wiki/Bauchatmung

Übung: Konzentriertes Atmen

1. Setze oder lege dich in eine bequeme Position.
2. Halte deinen Mund geschlossen, und atme durch die Nase ein paar Mal tief ein, um dich an die Situation zu gewöhnen.
3. Lege deine rechte Hand auf deinen Nabel und die linke Hand auf deine Brust.
4. Versuche noch nicht, deinen Atem zu kontrollieren. Achte nur darauf, wo in deinem Körper sich der Atem befindet.
5. Atme lange, tief und langsam ein. Deine linke Hand sollte sich beim Einatmen heben, die rechte Hand bleibt ruhig liegen.
6. Halte einen Augenblick still, der Atem bleibt in deiner Brust – dann lasse locker, und lasse den Atem langsam durch die Nase entweichen.

7. Wiederhole dieses „Brustatmen" 3-mal.
   Einatmen – die Brust hebt sich – halten – lockerlassen und ausatmen.
   Achte auf die beteiligten Muskeln, auf das Gefühl der Fülle beim Halten
   und auf das Gefühl der Entspannung beim langsamen Herauslassen der Luft.
   Einatmen – halten – ausatmen.
   Einatmen – halten – ausatmen.

8. Mache eine Pause. Höre für eine Weile auf, deinen Atem zu kontrollieren,
   und warte, bis er wieder seinen eigenen Rhythmus und seinen natürliche
   Platz findet.

9. Atme wieder lange, tief und langsam ein, lenke aber diesmal den Atem bis
   zum Boden des Zwerchfell (das liegt direkt unter deinem Brustkorb!), dann
   anhalten und ausatmen. Deine rechte Hand am Nabel sollte sich heben und
   senken, während die linke Hand fast unbewegt bleibt.

10. Wiederhole dieses „Zwerchfellatmen" 3-mal.
    Einatmen – die rechte Hand hebt sich – halten – ausatmen.
    Einatmen – halten – ausatmen.
    Einatmen – halten – ausatmen.

11. Mache danach eine Pause, bis dein Atem wieder normal ist.

12. Lege jetzt deine Hände wieder an ihren Platz, und kombiniere die einzelnen
    Atemvorgänge zu einer einzigen zusammenhängenden und langsamen
    Übung, bei der du bis vier zählst:
    - Zähle „eins", und atme dabei bis in dein Zwerchfell, sodass sich deine
      rechte Hand hebt. Ganz kurze Pause.
    - Zähle „zwei", und atme in deine Brust, sodass sich deine linke Hand hebt.
      Ganz kurze Pause.
    - Zähle „drei", und atme langsam vom Zwerchfell her aus, sodass sich deine
      rechte Hand senkt. Ganz kurze Pause.
    - Zähle „vier", und lasse die restliche Luft aus deiner Brust heraus,
      sodass sich deine linke Hand senkt.

13. Wenn du vollständig ausgeatmet hast, mache eine ganz kurze Pause,
    bevor du mit der nächsten Atem-Runde anfängst.

14. Wiederhole diese 4-Stufen-Atmung über drei oder vier Minuten.
    Du kannst in Gedanken dabei folgenden Rhythmus „mitsprechen":
    Einatmen Nabel, einatmen Brust, ausatmen Nabel, ausatmen Brust!

Am Anfang mag es dir schwierig und ein bisschen seltsam erscheinen, dich auf deinen Atem zu konzentrieren und mitzuzählen. Aber mit ein wenig Routine wird dir diese Übung ganz natürlich vorkommen, und sie wird sehr beruhigend wirken. Wenn du dich daran gewöhnt hast, kannst du die Dauer der Übung verlängern. Schließlich wirst du in der Lage sein, dir selbst das ruhige Auge inmitten des alltäglichen Sturms zu schaffen, ehe du vom Stress überwältigt wirst.

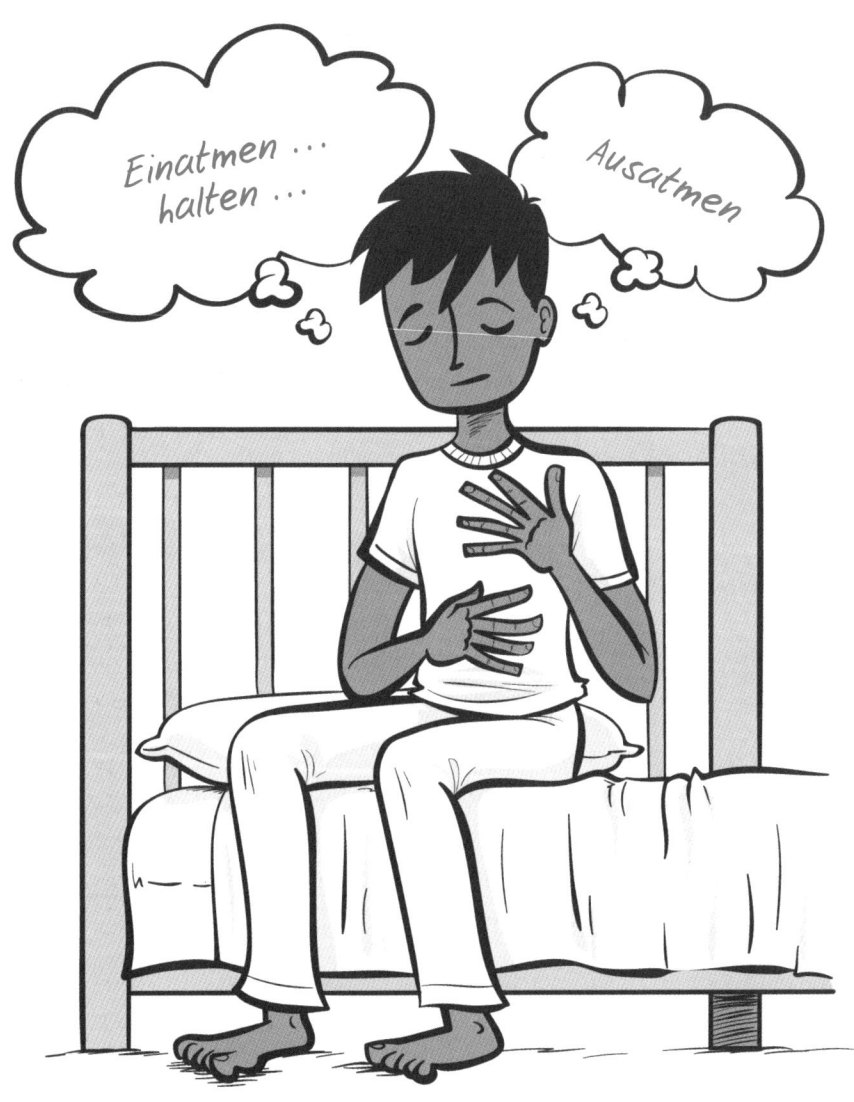

RUHIGES SITZEN

Genau wie dein Herz tagein, tagaus ständig und automatisch schlägt, ist auch dein Verstand immer „eingeschaltet". Er ist eine Denkmaschine, die einen endlosen Strom von Gedanken produziert. Wenn du das nicht glaubst, dann mache doch folgendes Experiment: Lege dieses Buch einen Augenblick beiseite, schließe deine Augen, und schalte dein Gehirn aus. Fertig? Hör auf, zu denken – und zwar jetzt!

Hat's funktioniert? Natürlich nicht. Es ist schlicht nicht möglich, sein Gehirn abzuschalten. Egal was du machst, im Hintergrund lauern ständig irgendwelche Gedanken. Dazu gehören auch deine Ängste und Sorgen – deine eigenen Gedanken können zu den schlimmsten unsichtbaren Tigern werden.

Auch wenn du deinen Gedankenfluss nicht stoppen kannst, kannst du dennoch lernen, wie du dich davon lösen und deine Aufmerksamkeit auf etwas anderes richten kannst. Lenke deine Aufmerksamkeit beispielsweise genau jetzt auf die Sohle deines rechten Fußes. Ist dir nicht plötzlich bewusster geworden, was da unten los ist? Oder konzentriere dich auf das Gefühl in der Hand, mit der du dieses Buch hältst. Plötzlich spürst du das Buch, auch wenn du es zuvor gar nicht wahrgenommen hast.

Die Aufmerksamkeitsregel lautet: Das, worauf wir unsere Aufmerksamkeit richten, wird im selben Augenblick lauter und deutlicher. Das gilt auch für deine Gedanken. Wir denken mal an das, was so um uns herum los ist, dann wieder sind wir mit unseren eigenen Angelegenheiten beschäftigt, mit dem, was in uns vor sich geht. Unsere Gedanken springen problemlos hin und her, aber auf was auch immer wir uns konzentrieren, es bestimmt über unsere Aufmerksamkeit.

Bei Entspannungs- und Meditationsübungen lernt man als Erstes, körperlich zur Ruhe zu kommen und die Aufmerksamkeit auf etwas anderes als seine Gedanken zu richten und darauf gerichtet zu lassen. Die folgende Übung zeigt dir, wie du dich von deiner „Denkmaschine" lösen und einfach ruhig dasitzen kannst.

Vorbereitung

● Wähle Zeit und Ort so aus, dass du nicht gestört wirst. Denke daran, dein Handy auszuschalten und andere mögliche Ablenkungen auszuschließen.
● Nimm die Übung ernst. Lege im Voraus fest, wie lang deine „Sitzung" dauern soll. Am Anfang sind drei bis fünf Minuten genug. Später willst du sie

vielleicht verlängern. Egal für welche Dauer du dich entscheidest, stelle eine Uhr, und sorge dafür, dass es keine Unterbrechung gibt, ehe die Zeit um ist.

- Kontrolliere während der Übung nicht deine Atmung. Finde einfach einen Rhythmus und eine Tiefe der Atmung, die dir angenehm sind.
- Bewege dich nicht. Während der ganzen Sitzung solltest du deinen Körper ruhig halten. Wenn du deine Aufmerksamkeit darauf richtest, was dein Körper gerade tut oder fühlt, lenkst du dich selbst ab.

Übung: Ruhiges Sitzen

1. Stelle einen stabilen Stuhl vor eine weiße Wand.

2. Setze dich auf den Stuhl, und schaue die Wand an. Dein Rücken ist entspannt, aber gerade. Diese Position mag sich zuerst unbequem anfühlen, aber das wird mit der Zeit besser.

3. Stelle deine Füße flach auf den Boden.

4. Falte deine Hände im Schoß, oder lege sie mit den Handflächen nach unten auf deine Oberschenkel.

5. Halte deinen Kopf aufrecht, und ziehe das Kinn ein wenig ein, damit der Hals gerade bleibt.

6. Die Augen bleiben offen. Sieh etwa in einem 45-Grad-Winkel nach unten auf die weiße Wand. Beuge dabei aber nicht deinen Kopf – nur nach unten blicken!

7. Wenn du in der richtigen Position bist, konzentriere dich auf deine Atmung. Versuche aber nicht, sie zu kontrollieren – halte nur den Mund geschlossen, und richte deine Aufmerksamkeit darauf, wie du durch die Nase ein- und ausatmest.

8. Wenn du startklar bist, dann zähle leise „eins" beim nächsten Einatmen und „zwei" beim Ausatmen, „drei" beim nächsten Einatmen und „vier" beim Ausatmen ... usw. bis „zehn". Wenn du bei „zehn" bist, dann beginne wieder mit „eins" beim nächsten Einatmen ...

Hindernisse beim ruhigen Sitzen

Vieles kann dich ablenken, wenn du einfach nur ruhig dasitzen willst. Ein paar solche Hindernisse findest du in der Folge – und einige Ratschläge, wie man am besten damit umgeht:

Hindernis 1: Dein rebellischer Verstand. Möglicherweise gefallen deinem Verstand deine Konzentrationsübungen gar nicht. Er ist daran gewöhnt, am Steuer zu sitzen, das Fahrzeug zu lenken, wohin es ihm passt, und dich mit Gedanken, Sorgen und Plänen auf Trab zu halten. Genau dann, wenn du dich bequem hinsetzt und deine Atemzüge zählen willst, beginnt dein Verstand, dich mit abschweifenden Ideen zu beschäftigen, um wieder das Steuer zu übernehmen.

Ehe du es merkst, bist du in Gedanken versunken und hast schon vergessen, dass du gerade zu zählen angefangen hast.

Hindernis 2: Dein rebellischer Körper. Wie dein Verstand ist auch dein Körper nicht daran gewöhnt, absolut ruhig dazusitzen. Er wird sein Bestes geben, um dich abzulenken. Irgendwo zwickt es, irgendwo juckt es, irgendwas fühlt sich taub an. Du spürst auf einmal ein Kribbeln, Hunger, Durst oder ein Wehwehchen ... ABER NUR, wenn du es zulässt, dass du dich auf diese Gefühle konzentrierst. Denke daran, Körper und Geist beeinflussen sich gegenseitig. Alle körperlichen Ablenkungen sind die Äußerungen eines Verstandes, der nicht zur Ruhe kommt. Egal wie lästig dir ein körperliches Gefühl auch vorkommt, es wird vergehen, wenn du aufhörst, ihm durch deine Aufmerksamkeit Bedeutung zu verleihen.

Hindernis 3: „Die Welt". Irgendwie scheint die ganze Welt erfahren zu haben, dass du gerade meditieren willst. Freunde schauen eben mal vorbei, und das Telefon klingelt. Jemand klopft an die Tür, und dein kleiner Bruder donnert ins Zimmer, während der Nachbar ausgerechnet jetzt auch noch den Rasenmäher aufheulen lässt.

Die Hindernisse umgehen. Wenn du von deinem Verstand, deinem Körper oder der Umwelt abgelenkt wirst, lenke deine Aufmerksamkeit auf deine Atmung, und konzentriere dich aufs Zählen. Fange beim nächsten Einatmen wieder mit „eins" an, und zähle weiter. Bei deinen ersten Meditationsversuchen wirst du vermutlich öfter von vorne anfangen müssen. Aber das macht nichts. Mit zunehmender Übung wirst du deine Konzentrationsfähigkeit verbessern, dich auf deine Atmung konzentrieren und dich von deinem Körper und deinem Verstand loslösen können.

PROGRESSIVE MUSKELENTSPANNUNG

Wenn stressgeplagte Menschen davon sprechen, dass sie „angespannt" und „verkrampft" sind, beschreiben sie eigentlich nicht, wie sie sich fühlen, sondern den Zustand ihrer Muskulatur. In den 1920er-Jahren entdeckte Dr. Edmund Jacobson, dass eine tiefe Entspannung der Muskeln erreicht werden kann, wenn man sie willentlich angespannt hält und dann die Spannung wieder löst. Dr. Jacobson nannte diese Übung Progressive Entspannung, heute spricht man meist von Progressiver Muskelentspannung (PME).

PME ist ganz einfach. Man konzentriert sich auf einzelne Muskelgruppen, die systematisch angespannt und wieder entspannt werden. Wenn du darin eine Routine entwickelst und regelmäßig übst, wirst du bald eine neue Methode zur Verfügung haben, um den ruhenden Pol in dir zu finden.

Ein Vorteil von PME besteht darin, dass man dazu nicht alleine an einem ruhigen Ort sein muss. Sicher wirst du es lieber für dich alleine in vertrauter Umgebung einüben wollen. Aber sobald du eine gewisse Übung hast, kannst du es immer und überall machen.

Vorbereitung

● Achte auf bequeme Kleidung. Enge Klamotten und Gürtel üben Druck auf deinen Körper aus, sodass du dich unwohl fühlst und dich nicht gut konzentrieren kannst. Vielleicht ziehst du auch deine Schuhe aus.

● Suche dir eine bequeme Stelle, wo du dich hinlegen kannst, wo es ruhig ist und wo du nicht gestört wirst.

● Bei PME besteht keine Verletzungsgefahr. Sei aber vorsichtig, wenn bei dir irgendwelche Muskeln kürzlich verletzt waren oder krampfanfällig sind.

● Atme während dieser Übung normal und entspannt. Konzentriere dich auf das, was in deinen Muskeln geschieht – auf die An- und Entspannung in jeder einzelnen Muskelgruppe. Stelle dir die jeweilige Muskelgruppe bildhaft vor – das ist oft sehr hilfreich.

● Wenn du in einem Teil deines Körpers die Spannung hältst, dann achte darauf, dass die anderen Körperteile entspannt bleiben. Spanne nur die Muskeln an, die du gerade trainierst.

Bei allen PME-Übungen ist es wichtig, dass du den Unterschied zwischen den angespannten und den entspannten Muskeln spürst.

Übung: Progressive Muskelentspannung (PME)

1. Spanne zu Beginn deiner PME-Sitzung die Muskeln deiner Füße an. Drücke deine Zehen nach unten, und halte sie so fünf bis sieben Sekunden. Du kannst leise mitzählen (21 – 22 ...). Löse dann schnell die Anspannung. Gib dir jedes Mal 30 bis 40 Sekunden, um nach der Lockerung die Veränderungen bewusst wahrzunehmen. Ziehe als Nächstes deine Zehen nach oben, und halte diese Position so angespannt wie möglich für fünf bis sieben Sekunden. Löse die Spannung dann schnell wieder. Achte darauf,

wie es sich anfühlt, wenn die Anspannung nachlässt, und auf das Gefühl der Entspannung.

2. Spanne als Nächstes alle deine Muskeln zwischen Füßen und Taille an. Beginne mit den Wadenmuskeln, dann folgen die Oberschenkel, schließlich die Gesäßmuskulatur. Achte darauf, dass deine Füße entspannt sind, außerdem sämtliche Muskeln oberhalb der Taille. Halte die genannten Muskeln für fünf bis sieben Sekunden so angespannt wie möglich – und lasse dann schnell los. Achte wiederum darauf, wie das Gefühl der Spannung abflaut, und auf das Gefühl der Entspannung.

3. Wiederhole die Prozedur mit deinen Bauchmuskeln. Anspannen, die Spannung fünf bis sieben Sekunden halten, dann loslassen, kleine Pause machen und auf das Gefühl achten.

4. Mache weiter mit der Brust – diese Muskeln anspannen und die Spannung fünf bis sieben Sekunden halten ... dann loslassen. Und ausatmen.

5. Spanne jetzt deine Schultermuskulatur an – Schultern heben und die Spannung fünf bis sieben Sekunden halten. Achte darauf, dass alle anderen Muskeln entspannt sind, halte die Spannung nur in der Schultermuskulatur. Entspanne dann deine Schultern, und fühle wie sie zurück Richtung Boden sinken.

6. Spanne deine Hände an, indem du sie zur Faust ballst – fünf bis sieben Sekunden angespannt halten, dann die Spannung lösen.

7. Spanne deine Hände an, indem du sie am Handgelenk beugst. Baue dann Anspannung in deinen Unterarmen und im Oberarm (Bizeps und Trizeps) auf. Halte diese Position fünf bis sieben Sekunden – dann loslassen und die Muskeln wieder weich und entspannt werden lassen.

8. Spanne jetzt deinen Hals an, indem du ihn so weit wie möglich nach rechts drehst – dann fünf bis sieben Sekunden halten. Bringe ihn dann in die Aus-gangsstellung zurück, und entspanne dich. Anschließend drehst du ihn so weit wie möglich nach links und hältst nun diese Position fünf bis sieben Sekunden. Wiederum bringst du den Hals in die Ausgangsstellung zurück und entspannst dich. Du fühlst das Gewicht deines Kopfes auf dem Boden.

9. Spanne als Nächstes deine Gesichtsmuskeln an. Presse deine Lippen zusammen, rümpfe deine Nase, spanne deine Stirn an, und kneife die Augen zusammen. Bleibe fünf bis sieben Sekunden so, und lasse dann die Anspannung schnell wieder fallen. Du spürst, wie dein Gesicht wieder einen normalen Ausdruck annimmt.

10. Überprüfe dann abschließend, ob du irgendwo in deinem Körper noch An-spannung spürst. Stelle dir vor, wie eine Welle der Entspannung, ausgehend von deinen Zehen, durch deinen Körper und deine Arme hinaufsteigt und alle restliche Anspannung aus deinem Kopf hinausspült. Genieße das Gefühl der tiefen Muskelentspannung und der körperlichen Ruhe.

11. Wenn du fertig bist, atme ein paar Mal tief und langsam ein, öffne deine Augen – und lächle, wenn dir danach ist! Dann steh auf, und stürze dich wieder in dein Leben ... völlig erfrischt.

Das scheint eine Menge Arbeit zu sein. Aber wenn du diese Übung ein paar Mal durchgezogen hast, geht es ziemlich schnell. Die ganze Übung – alle Körperteile anspannen und entspannen, zwischendurch eine Pause einlegen, um sich das Gefühl der Entspannung bewusst zu machen – dauert vielleicht 10 bis 15 Minuten. Wenn du fertig bist, wird sich dein Körper durch die gelöste Spannung schwer und ruhig anfühlen. Deine Atmung und dein Herzschlag werden sich verlangsamen, und auch dein Geist wird wahrscheinlich entspannter sein. PME ist eine gute Methode, weil du lernst, deinen Körper besser wahrzunehmen und Anspannung in dem Augenblick zu lösen, in dem du sie bemerkst.

Werden die Entspannungstechniken den Stress vollkommen aus deinem Leben verbannen? Wahrscheinlich nicht. Aber sie können dir dabei helfen, dass du dich weniger überfordert, besorgt und unsicher fühlst. Die richtigen Techniken bringen dich direkt zu einem ruhenden Pol inmitten des „Stress-Sturms" und ermöglichen dir das Erlebnis einer tiefen körperlichen Entspannung und inneren Ruhe. Je mehr du sie trainierst, desto besser gelingt es dir, die Ruhe zu bewahren – an einem normalen Tag genauso wie an solchen, an denen du dich von unsichtbaren Tigern umzingelt fühlst.

MEDIENTIPP

Im Internet kannst du nach Kursen extra für Jugendliche in deiner Umgebung suchen. Ausführliche Informationen findest du auch hier:
www.neuro24.de/entspan.htm

„Mit anderen Leuten gibt's immer Probleme – egal was man sagt oder tut. Das Ding ist, zu wissen, was man tun muss, wenn das passiert."
— *Mädchen, 14 Jahre*

„Ich weiß schon, dass Schule wichtig ist. Aber oft kommt es mir so vor, als hätte man da die Lizenz, Leute runterzumachen."
— *Mädchen, 16 Jahre*

„Manchmal fühle ich mich richtig herumgestoßen – nicht körperlich, sondern durch das, was die andern von mir wollen. Ich setze mich jetzt für meine Interessen ein, wenn ich das Gefühl habe, dass etwas nicht in Ordnung ist."
— *Junge, 15 Jahre*

„Ich wünschte, meine Eltern würden mir mehr vertrauen. Ich darf nicht halb so viel machen wie meine Freunde."
— *Junge, 13 Jahre*

4 SETZE DICH FÜR DEINE INTERESSEN EIN

Ich weiß es!

Eine Menge Stress rührt aus der Art und Weise, wie wir mit anderen zurecht-kommen – oder eben nicht. Manchmal kommt es dir sicher so vor, als ob andere Leute – inklusive Eltern, Lehrer und sonstige Erwachsene – zu viel Kontrolle über dein Leben hätten. Du hast vielleicht den Eindruck, als ob deine Bedürfnisse, deine Meinung oder deine Gefühle gar nicht zählen und alles für dich entschie-den wird. Möglicherweise glaubst du auch, dass deine Familie und deine schuli-schen Pflichten zu viel von deiner Freizeit in Anspruch nehmen. Und wenn du dann mal Zeit für dich hast, gibt es Grenzen und Regeln dafür, was du über-haupt tun darfst oder wie lange du machen kannst, was dir Freude bereitet. Die Fähigkeit zur Selbstbehauptung wird dir helfen bei dem Stress, der aus solchen Situationen entstehen kann.

SELBSTBEHAUPTUNG

In bestimmten Bereichen deines Lebens haben andere einiges zu sagen.
Aber du hast mehr Kontrolle, als dir vielleicht klar ist. Manche Regeln in der
Schule oder zu Hause scheinen nicht gerade fair zu sein. Aber du weißt wahrscheinlich aus Erfahrung, dass es nicht unbedingt sinnvoll ist, sich dagegen
aufzulehnen. Die Fähigkeit zur Selbstbehauptung kann dir dabei helfen,
dich auf positive Weise für deine Interessen einzusetzen.

FRAGEBOGEN ZUM THEMA SELBSTBEHAUPTUNG

1. Sprichst du mit deinen Lehrern darüber,
   wenn sie unfair zu dir sind?
2. Sprichst du deinen Freund darauf an, wenn du weißt,
   dass er dich anlügt?
3. Sprichst du mit jemandem darüber, wenn jemand
   fiese Gerüchte über dich in die Welt setzt?
4. Meldest du dich zu Wort, wenn sich in einer
   Warteschlange jemand vor dich drängelt?
5. Stellst du Leute zur Rede, wenn sie dich in Verlegenheit bringen oder Gerede über dich verbreiten?
6. Kannst du „nein" sagen, wenn ein Freund von dir
   etwas verlangt, womit du eigentlich nicht
   einverstanden bist?
7. Kannst du über die zu Hause geltenden Regeln
   diskutieren, ohne einen Streit anzufangen
   (Ausgehregeln, Pflichten im Haushalt …)?
8. Hast du den Mut, mit einem Lehrer zu reden,
   wenn dich in der Schule jemand mobbt?
9. Kannst du deinen Freunden die Wahrheit darüber
   sagen, was du denkst und wer du bist?
10. Kannst du Konflikte mit anderen lösen,
    ohne wütend und aggressiv zu werden?

Wenn du einige oder die meisten dieser Fragen mit „nein" beantwortet hast, wirst du von einer Stärkung deiner Fähigkeit zur Selbstbehauptung ordentlich profitieren. Mit dem richtigen Maß an Selbstsicherheit kannst du deine Gedanken und Gefühle ehrlich äußern, ohne dabei anderen gegenüber respektlos zu werden. Mit mehr Willen zur Selbstbehauptung kannst du Grenzen ziehen: Was ist für dich in Ordnung und was nicht? Und du kannst um das bitten, was du willst oder brauchst. Wenn du selbstsicher und bestimmt bist, wissen die anderen, wer du bist, was du denkst und wie du fühlst. Und sie begreifen die Regeln, die du für Beziehungen setzt. Mit der Fähigkeit zur Selbstbehauptung kannst du für deine Rechte einstehen.

Deine Grundrechte

- Du hast ein Recht darauf, dass deine Gefühle, Bedürfnisse und deine Meinung gehört und berücksichtigt werden.
- Du hast ein Recht darauf, bei Entscheidungen, die dein Leben betreffen, mitzureden.
- Du hast ein Recht darauf, zu sagen: „Nein", „Ich weiß es nicht" oder „Ich verstehe das nicht."
- Du hast ein Recht darauf, dich gegen andere zu wehren, die dich bedrohen, sich über dich lustig machen oder dich demütigen.
- Du hast ein Recht darauf, deine Gefühle zu äußern.
- Du hast ein Recht darauf, dich selbst zu mögen, auch wenn du nicht perfekt bist.
- Du hast ein Recht darauf, auf Verletzungen deiner Rechte zu reagieren.

Diese Rechte sind auch mit Verantwortung verbunden. Natürlich hast du z.B., nicht das Recht, anderen deine Gefühle mitzuteilen, indem du sie beleidigst oder körperlich verletzt. Selbstbehauptung hat nichts mit Aggressivität, Rücksichtslosigkeit oder Egoismus zu tun! Wer aggressiv ist, nimmt keine Rücksicht auf die Gefühle anderer, verliert an Respekt und stößt andere möglicherweise ab. Mit der nötigen Selbstsicherheit aber kannst du dich in schwierigen Situationen so verhalten, dass du gegenüber anderen höflich bleibst und ihre Gefühle respektierst.

DIE SELBSTBEHAUPTUNGS-FORMEL

Du weißt sicher aus Erfahrung, dass es gar nicht so einfach ist, einen klaren Kopf zu behalten, wenn man sich ungerecht behandelt fühlt. Es kann zu Situationen kommen, in denen es schwierig wird, nicht aus der Haut zu fahren. In anderen Fällen hast du vielleicht Angst davor, das, was dich stört, direkt anzusprechen. In solchen Situationen sind Selbstsicherheit und die Fähigkeit der Selbstbehauptung sehr wichtig.

DIE SELBSTBEHAUPTUNGS-FORMEL

- Aufmerksamkeit
- schnell, einfach, kurz
- präzise
- Wirkung
- Reaktion
- Abmachung

Aufmerksamkeit. Wenn du ein Problem mit jemandem aus der Welt schaffen willst, musst du zuerst dessen **Aufmerksamkeit** gewinnen. Sprich den Betreffenden höflich an, und sage ihm, dass du mit ihm über etwas Wichtiges sprechen willst.

Schnell, einfach, kurz. Reagiere so **schnell** wie möglich auf ein Problem. Kümmerst du dich nicht gleich darum, kann es dir für lange Zeit Stress bereiten. Wenn du wirklich aufgeregt bist und Angst hast, du könntest auf negative oder sogar verletzende Weise reagieren, dann rede mit dem Betreffenden erst, wenn du dich beruhigt hast. Bist du bereit, über das Problem zu diskutieren, dann erkläre deine Sicht der Dinge **einfach** und **kurz**.

Präzise. Wenn du das Problem beschreibst, dann **präzisiere**, was dich am Verhalten des anderen gestört hat. Erkläre also genau, was er gesagt oder getan hat.

Wirkung. Mach dem anderen verständlich, wie sich das Problem auf dich **auswirkt**. Teile ihm mit, welche Gefühle sein Verhalten in dir hervorgerufen hat.

Reaktion. Beschreibe die **Reaktion**, die du vom anderen erwartest, damit das Problem gelöst wird. Bitte ihn dann um eine Antwort, um zu sehen, ob er dein Anliegen verstanden hat.

Abmachung. Wenn ihr also besprochen habt, welches Verhalten zu dem Problem geführt hat und welche Veränderung du dir vorstellst, dann fasst eure **gemeinsame Abmachung** kurz zusammen. So geht ihr sicher, dass alles klar ist.

Es folgen drei Beispiele dafür, wie du die Selbstbehauptungs-Formel im Alltag anwenden kannst. So kannst du dir besser vorstellen, wie es aussehen kann, wenn du aktiv wirst und für dich einstehst.

⇨ Situation 1

In der Schule kommt es zu einer Prügelei. Dummerweise bist du gerade in der Nähe. Einige Lehrer gehen dazwischen und nehmen die Streithähne mit. Einer von ihnen bringt auch dich zum Schulleiter. Du versuchst, zu erklären, dass du an dem Streit gar nicht beteiligt warst, aber der Lehrer hört dir nicht zu.

Aufmerksamkeit. *„Herr Müller, kann ich bitte mit Ihnen darüber sprechen, was gerade passiert ist?"*

Schnell, einfach, kurz. *„Ich war an der Prügelei in keiner Weise beteiligt. Ich finde es ungerecht, dass ich bestraft werde."*

Präzise. *„Ich verstehe, dass Sie glauben, ich wäre beteiligt gewesen. Ich weiß auch, wie Sie zu dieser Ansicht gekommen sind. Aber ich bin nur vorbeigegangen, als das Ganze losging."*

Wirkung. *„Ich bin sauer, weil ich nicht vom Unterricht ausgeschlossen werden will und keinen Stoff versäumen möchte, noch dazu für etwas, das ich nicht getan habe. Außerdem verletzt es mich, dass Sie von mir glauben, ich würde in der Schule zu prügeln anfangen."*

Reaktion. „Wollen Sie sich bitte meine Sicht der Dinge anhören? Ich war nahe am Geschehen und kann Ihnen erzählen, was ich gesehen habe."

Abmachung. „Vielen Dank! Ich bin froh, dass Sie mir zuhören wollen."

⇨ Situation 2

Deine Mutter schreit dich an, weil du zu lange das Telefon blockierst. Dein Freund am anderen Ende der Leitung kann sie hören. Es ist dir peinlich, dass sie dich beschimpft.

Aufmerksamkeit. „Mom, können wir kurz über das sprechen, was gerade passiert ist, als ich am Telefon war? Es ist mir wirklich wichtig."

Schnell, einfach, kurz. „Ich habe ein Problem damit, wie du mir eben gesagt hast, dass du das Telefon brauchst."

Präzise. „Es ist mir unangenehm, wenn du mich anschreist, weil ich deiner Meinung nach zu lange telefoniere."

Wirkung. „Wenn du das machst, bekommt das mein Freund mit, und das ist mir peinlich."

Reaktion. „Könnten wir uns nicht auf ein Zeichen einigen? Wenn du das nächste Mal einfach zwei Finger hochhebst, weiß ich, dass du gleich das Telefon brauchst. Innerhalb von zwei Minuten kann ich dann mein Gespräch beenden und die Leitung freimachen. Ich denke, das wäre für uns beide eine einfache und gute Lösung."

Abmachung. „Gut, gib mir beim nächsten Mal einfach ein Zeichen, anstatt mich anzuschreien. Und innerhalb von zwei Minuten bin ich vom Telefon weg. Danke, dass du das mit mir ausprobieren willst."

⇨ Situation 3

Ein guter Freund von dir aus der Nachbarschaft hat sich einem Fußballverein angeschlossen. In der Schule ist er jetzt meistens mit den anderen Spielern zusammen. Wenn du an ihnen vorbei-

gehst, ignoriert er dich einfach. Ihr habt schon einige Wochen nichts mehr miteinander gemacht.

Aufmerksamkeit. *„Hey, Toni. Hast du eine Minute Zeit? Ich will mit dir über was reden, das mich stört."*

Schnell, einfach, kurz. *„Seit du in dem Fußballverein bist, hast du scheinbar für unsere Freundschaft gar keine Zeit mehr."*

Präzise. *„Du verbringst deine Zeit mit den anderen Spielern, und wenn du mich siehst, ignorierst du mich einfach. Wir machen irgendwie gar nichts mehr zusammen."*

Wirkung. *„Ich finde es toll, dass du jetzt in der Mannschaft mitspielst, und ich verstehe auch, dass du da neue Freunde hast. Aber es tut mir auch weh, weil wir lange Zeit enge Freunde waren und du jetzt scheinbar gar nichts mehr mit mir zu tun haben willst."*

Reaktion. *„Ich würde schon noch ganz gerne ab und zu mit dir rumhängen. Vielleicht können wir uns ja treffen, wenn du kein Training hast."*

Abmachung. *„Find' ich cool, dass dir auch noch viel an unserer Freundschaft liegt. Dann sehen wir uns also nächsten Sonntag und quatschen noch mal in Ruhe!"*

Ich find's cool, dass du jetzt im Verein spielst, aber ...

(Wenn Toni keine Zeit mehr für dich hat, ist es vermutlich an der Zeit, neue Freundschaften zu schließen. Im Kapitel „Knüpf' dir ein Sicherheitsnetz", S. 69, findest du einige Vorschläge, wie du das anstellen kannst.)

Diese Methode mag dir am Anfang schematisch und unnatürlich vorkommen. Aber mit mehr Übung wirst du es natürlicher „rüberbringen". Auch wenn es nur eine einfache Methode ist, so ist sie doch sehr wirksam. Wenn du anderen gegenüber selbstsicher und bestimmt in Bezug auf deine Wünsche auftrittst, wirst du wahrscheinlich erreichen, was du willst, und dir zudem Respekt einhandeln. Auch wenn du dich nicht immer durchsetzen kannst, hast du zumindest deine Meinung gesagt und versucht, die Lage zu verbessern. Diese Form der Selbstbehauptung drückt aus: „Ich nehme dieses Risiko auf mich, weil mir unsere Beziehung wichtig ist und weil ich will, dass wir beide zufrieden sind." Eine solche Aussage kann sich auf lange Sicht darauf auswirken, wie die anderen dich künftig sehen und behandeln.

Wenn du deine Meinung und deine Gefühle positiv und selbstbewusst ausdrückst, hast du so etwas wie ein Sicherheitsventil, durch das du den Druck deiner negativen Gefühle ablassen kannst. Es bewahrt dich auch davor, irgendwann mal zu explodieren. Zudem kann dir dieses Vorgehen dabei helfen, dich selbst besser zu verstehen, weniger verletzbar zu sein und mehr von dem zu bekommen, was du im Leben willst und vielleicht auch einfach verdienst. Das ist auf jeden Fall besser, als geradewegs und ohne Schutz in einen Dschungel voller bedrohlicher Stress-Tiger zu marschieren.

WICHTIG!

Sehr wichtig bei der Selbstbehauptungs-Formel ist dein Urteilsvermögen. Denn sicher willst du niemanden provozieren, der sehr aggressiv und gewalttätig ist oder unter dem Einfluss von Drogen oder Alkohol steht. Diese Formel funktioniert am besten bei Personen, die vernünftig sind und bereit, deine Version eines Problems anzuhören. Wenn du spürst, dass es ernsthaft bedrohlich wird für dich, dann befreie dich sofort aus der Situation, und suche dir Hilfe.

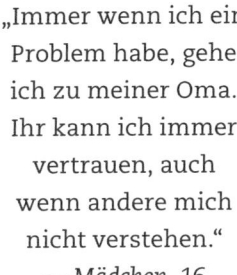

„Immer wenn ich ein Problem habe, gehe ich zu meiner Oma. Ihr kann ich immer vertrauen, auch wenn andere mich nicht verstehen."
— *Mädchen, 16*

„Ich habe eine Freundin, die alles für mich tun würde. Sie ist meine beste Freundin. Ohne sie wäre ich echt verloren."
— *Mädchen, 12*

„Meine Familie und meine Freunde stehen hundertprozentig hinter mir. Sie geben mir Sicherheit und sagen es mir, wenn ich gerade dabei bin, etwas zu vermasseln. So kann ich alles rechtzeitig wieder geradebiegen."
— *Junge, 13*

„Das Leben ist nichts ohne Familie und Freunde, mit denen du es teilen kannst."
— *Junge, 15*

5 KNÜPFE DIR EIN SICHERHEITSNETZ

Hattest du jemals Stress und hast keinem etwas über die Ursache erzählt? Vielleicht wolltest du andere damit nicht belästigen, oder du hattest Angst, dass man auf dich herabschauen würde!? Natürlich will man immer cool und stark erscheinen, und die anderen sollen wissen, dass man auch harte Zeiten überstehen kann. Manchmal aber ziehen wir uns zu sehr zurück, weil wir Angst davor haben, unsere Unsicherheit und Verwundbarkeit zu zeigen. Das kann ausgerechnet dann geschehen, wenn wir die Unterstützung anderer eigentlich am meisten brauchen. In schwierigen und stressigen Zeiten kann ein Sicherheitsnetz aus vertrauten Menschen besonders hilfreich sein.

DIE WICHTIGKEIT EINES SICHERHEITSNETZES

Manchmal erwarten scheinbar alle von einem, dass man, wie ein Superheld, sämtliche Herausforderungen im Leben allein bewältigen kann. Und wenn wir das nicht können, so scheinen die anderen zu denken, dann stimmt mit uns irgendetwas nicht. Vielleicht sollen wir sogar ganz neue Dinge, die wir nie zuvor gemacht haben, alleine schaffen. Leider können diese Gedanken dazu führen, dass wir von uns selbst schlecht denken und glauben, dass wir mit stressigen Situationen im Leben ganz alleine sind.

- Verspürst du den Drang, anderen etwas vorzumachen oder andere zu beeindrucken?
- Hast du jemals behauptet, dass es dir gut geht, in Wirklichkeit aber hast du dich schlecht gefühlt?
- Hattest du jemals das Gefühl, darüber, was dir gefällt und wie du bist, lügen zu müssen?
- Fragst du dich, ob du von Menschen tatsächlich Unterstützung bekommen kannst, wenn du gerade eine Krise durchmachst?
- Denkst du vielleicht, dass du da „alleine durchmusst", wenn du überfordert, verängstigt oder durcheinander bist?

HEILENDE FREUNDE

Die Unterstützung der Familie oder deiner Freunde ist so wichtig, dass sie tatsächlich Einfluss auf deinen gesundheitlichen Zustand hat. Studien belegen, dass der Spiegel von Cortisol und sonstigen Hormonen, die den Heilungsprozess verlangsamen, sinkt, wenn man mit seinen Freunden oder Familienmitgliedern spricht. Kontakt zu anderen kann sich sogar auf deine Körperzellen vorteilhaft auswirken!

Die Wahrheit ist, dass Familie und Freunde wichtige Stützen sind und sein sollen, um Stress und Herausforderungen zu bewältigen. Zusammen bilden diese Menschen ein Sicherheitsnetz, wie das Netz unter den Seiltänzern im Zirkus. Das Wissen, dass diese Menschen für dich da sind, kann dir Mut machen, Problemen und neuen Herausforderungen entgegenzutreten. Wenn du ein Risiko eingehst und auf dem Seil balancierst, ist es wichtig, zu wissen, dass du nicht alleine bist und dass es zuverlässige Menschen gibt, die dich auffangen, wenn du fällst.

Solche Sicherheitsnetze erscheinen aber nicht einfach automatisch dann, wenn du sie brauchst. Im Gegenteil, sie müssen im Laufe der Zeit gezielt geknüpft und gespannt werden. Du kannst damit anfangen, indem du selbst andere unterstützt. Für deine Freunde oder Familienmitglieder da zu sein, wenn es ihnen schlecht geht oder wenn sie Hilfe brauchen, ermöglicht es dir, ihr Vertrauen zu gewinnen. Wenn du zeigst, dass man sich auf dich verlassen kann, ist es wahrscheinlicher, dass andere dir auch helfen werden.

DIE FÜNF BEZIEHUNGSKATEGORIEN

Denke einen Moment über die Menschen nach, die du kennst. Sind unter ihnen welche, z.B. Familienangehörige oder beste Freunde, denen du wirklich vertraust und die du um Hilfe bitten kannst, wenn du sie brauchst? Sicher gibt es andere Menschen in deinem Bekanntenkreis, die dir nicht so nahestehen. Wenn du darüber nachdenkst, wirst du wahrscheinlich alle Arten von Beziehungen haben: angefangen mit den Menschen, ohne die du nicht leben kannst, bis hin zu solchen, mit denen du dich nicht sehr gut verträgst.

Wenn du deine Beziehungen einordnen müsstest, würdest du dir möglicherweise zuerst darüber Gedanken machen, wem du am meisten vertraust. Eine Vertrauensskala könnte folgendermaßen aussehen:

VERTRAUENSSKALA

niedriges Vertrauen		mittleres Vertrauen		hohes Vertrauen
1	2	3	4	5

Wie kannst du den Grad des Vertrauens einschätzen? Mache dir dazu klar, worüber du mit anderen Menschen sprichst. Was teilst du deinen Freunden und Familienmitgliedern mit? Und was erzählen diese Menschen dir? Wenn du folgende Beschreibungen liest, denke an die Menschen, die du kennst, und überlege dir, in welche Beziehungs-Kategorie sie passen könnten.

Kategorie 1 – „Nur Fakten …"

In der Kategorie 1 werden nur Fakten ausgetauscht. Viele alltägliche Gespräche zwischen Bekannten laufen auf dieser Ebene ab. Diese Unterhaltungen sind nicht verfänglich, weil es dabei nicht um die am Gespräch beteiligten Menschen geht.
„Am Samstagabend findet ein Basketballspiel statt."
„Diesen Freitag schreiben wir einen Test über das vierte Kapitel."
„Nächstes Wochenende soll das Wetter schön werden."

Kategorie 2 – „Tina hat gesagt …"

Auch Kategorie 2 ist eine sichere Zone, weil es bei den Gesprächen darum geht, was andere Menschen gesagt haben. Das Risiko, in verfängliche Situationen zu geraten, ist ziemlich niedrig, denn du sagst nicht, was du denkst oder fühlst. Stattdessen trittst du eher als ein Berichterstatter auf, der mitteilt, was er gehört, gelesen oder irgendwo gesehen hat. Leider können Gespräche der Kategorie 2 oft aus Klatsch und Gerüchten in Bezug auf andere bestehen.
„Ich habe gehört, Suse hat einen neuen Freund."
„Es heißt, der neue Mathe-Lehrer sei streng."
„Tom hat gesagt, dass die Mannschaft gestern Abend beschissen gespielt hat."

Kategorie 3 – „Ich denke …"

In Kategorie 3 entstehen zwischen Menschen Verbindungen. Hier ist ein wenig Vertrauen gefragt, weil du ein Risiko eingehst und deine Meinungen und Gedanken offenlegst. Auf dieser Ebene sind Meinungsverschiedenheiten möglich, aber es besteht auch die Gelegenheit, Freundschaften zu schließen, die auf den Dingen basieren, die du mit der jeweiligen Person gemeinsam hast.
„Der Song ist echt cool."
„Ich finde es idiotisch, Drogen zu nehmen."
„Wir sollten dabei mitreden können, wie es an unserer Schule läuft."

Kategorie 4 – „Ich fühle …"

In Kategorie 4 werden Gefühle ausgedrückt. In dieser Kategorie würde beispielsweise ein Freund, der wegen einer Trennung traurig ist, keine Hemmungen haben, vor dir zu weinen und seine Gefühle zu zeigen. Und du würdest versuchen, ihn zu verstehen und zu trösten. Gespräche auf dieser Ebene brauchen Vertrauen, weil Menschen verletzlich sein können und, bevor sie sich dir öffnen,

sich deiner Unterstützung sicher sein müssen. In dieser Kategorie entstehen tiefere Beziehungen und feste Freundschaften zwischen Menschen.

„Meine Eltern wollen sich scheiden lassen. Ich habe Angst und bin total sauer, weil sie unsere Familie zerstören."

„Ich bin glücklich, dass meine Mutter den Job bekommen hat, den sie schon immer haben wollte."

„Ich bin so enttäuscht über meine Mathe-Note, dass ich heulen könnte."

Kategorie 5 – „Das sind meine Gefühle dir gegenüber ..."

Kategorie 5 ist eine Erweiterung der Kategorie 4. Auf dieser Ebene teilst du einem anderen direkt deine Gefühle für ihn mit. Dazu gehören Liebe, Schmerz, Frustration, Glück oder sonstige Emotionen. Einerseits können Gespräche in Kategorie 5 schwierig sein. Andererseits aber können sie eine Beziehung festigen. Denke an eine Situation, in der du z.B. mit deinen Eltern Streit hattest, in der ihr aber miteinander gesprochen und euch wieder vertragen habt. Möglicherweise wart ihr euch nach der Klärung näher als zuvor. Beziehungen der Kategorie 5 bergen das größte Risiko und erfordern das höchste Vertrauen.

„Ich finde es super, dass du dich für mich eingesetzt hast, als Bea mich angegriffen hat. Du bist wirklich eine gute Freundin, und ich bin total happy, dich zu kennen."

„Ich bin sehr traurig darüber, dass du wegziehst. Ich will dich als Freund nicht verlieren."

„Ich bin besorgt, weil ich seit einigen Tagen den Eindruck habe, dass du total traurig bist. Und dein Verhalten macht mir Angst."

Wenn wir diese Informationen zu der Vertrauensskala hinzufügen, bekommen wir folgendes Bild:

VERTRAUENSSKALA

niedriges Vertrauen		mittleres Vertrauen		hohes Vertrauen
1	2	3	4	5
Nur Fakten ...	Tina hat gesagt ...	Ich denke ...	Ich fühle ...	Das sind meine Gefühle dir gegenüber ...

Jetzt, wo du die Vertrauensskala und die fünf Beziehungskategorien kennst, kannst du dein eigenes Unterstützungssystem „bewerten". Schließe deine Familienmitglieder, Nachbarn, Freunde, Lehrer und andere Menschen aus deiner Schule oder deinem sonstigen Umfeld ein.

VERTRAUENSSKALA

niedriges Vertrauen		mittleres Vertrauen		hohes Vertrauen
1	**2**	**3**	**4**	**5**
Nur Fakten	Tina hat gesagt ...	Ich denke ...	Ich fühle ...	Das sind meine Gefühle dir gegenüber ...
Tina	Boris	Christian	Lisa	Papa
Stefan	Tom	Frau Weger	Frau Lieger	Mama
Lindy	Kiki	Nathalie	Frankie	Oma
Nele	Steffi	Herr Breuer	Rolfie	Daniel
Pete	Malte			

Wenn du fertig bist, hast du einen guten Überblick über deine Beziehungen. Möglicherweise hast du viele Beziehungen in den Kategorien 1, 2 und 3. Aber du brauchst mehr starke Beziehungen in den Kategorien 4 und 5. Oder vielleicht hast nur du ein paar Menschen, die dir wirklich nahe sind – und das war es. Wie auch immer deine Tabelle jetzt aussehen mag – nun hast du eine Vorstellung von deinem gegenwärtigen Sicherheitsnetz. Und du kannst nun besser beurteilen, welche Beziehungen du intensivieren solltest.

Dein Ziel muss nicht sein, jede Beziehung in die Kategorie 5 zu befördern. Jeder Mensch braucht im Leben Beziehungen in allen Kategorien. Dazu gehören Menschen, mit denen du gerne Zeit verbringst, von denen du lernen kannst, die dir Perspektiven eröffnen und mit denen du Neues erleben kannst. Es ist nicht notwendig, zu allen, die du kennst, ein enges Verhältnis zu pflegen. Der Aufbau eines Sicherheitsnetzes bedeutet aber, Beziehungen der Kategorien 4 und 5 zu entwickeln, weil du sie zur Unterstützung brauchst. Das Wissen, dass du Menschen in deiner Nähe hast, auf die du zählen kannst, bewahrt dich davor, unsichtbaren Tigern alleine entgegentreten zu müssen.

BEZIEHUNGEN FESTIGEN

Was kannst du tun, um die Beziehungen zu deinen Freunden, Familienange-hörigen und anderen zu stärken? Gehst du zu jemandem hin und sagst: „Hallo, unsere Beziehung befindet sich derzeit in Kategorie 2 der Beziehungs-skala. Ich will, dass wir Kategorie 4 oder 5 erreichen. Möchtest du deine tiefsten Gefühle mit mir besprechen?" Das könntest du sagen. Aber es ist mehr als wahrscheinlich, dass der Angesprochene dich für verrückt hält und davonrennt. Die gute Nachricht ist: Es gibt andere, weniger peinliche Möglichkeiten, Beziehungen zu festigen.

1. **Verbringt mehr Zeit zusammen.** Fast überflüssig, zu sagen – aber wenn man mit Freunden oder der Familie etwas unternimmt, hat man gemeinsame Erlebnisse, die zusammenschweißen. Es spielt keine Rolle, was ihr macht, es geschehen interessante oder komische Ereignisse, über die ihr miteinander sprecht oder lacht. Sport treiben, ins Theater gehen, in einer Band spielen ...: Es gibt zahllose Gelegenheiten, Beziehungen zu knüpfen und zu festigen.

2. **Sei ehrlich.** Wenn es darum geht, Beziehungen zu vertiefen, ist Ehrlichkeit die beste Strategie. Lügen gegenüber den Eltern, Lehrern oder anderen Erwachsenen führen zu Misstrauen, das eure Beziehungen zerstören kann. Das Gleiche gilt für Freundschaften. Jemanden anzulügen oder über jemanden Gerüchte zu verbreiten, ist verantwortungs- und respektlos. So kann man Schaden anrichten, der nur schwer wiedergutzumachen ist. Wenn du nächstes Mal das Gefühl hast, dass du es mit der Wahrheit nicht so genau nehmen musst, dann denke daran: Lügen haben wirklich meistens kurze Beine – und richten über kurz oder lang Schaden an.

3. **Zeige Interesse für Dinge, die anderen wichtig sind.** Wenn du deine Freunde oder Familienangehörigen danach fragst, was sie gerne machen, gibst du ihnen ein gutes Gefühl. Denn damit zeigst du, dass du dich um sie kümmerst und für sie interessierst. So werden sie automatisch auch für dich offener sein.

4. **Setze andere nicht unter Druck.** Dominante Menschen haben gewöhnlich Schwierigkeiten, gute Freunde zu finden. Oder willst du deine Zeit mit jemandem verbringen, der dir ständig sagt, was du tun sollst, oder dich zu etwas zwingen will, was dir nicht gefällt? Wahrscheinlich nicht. Wenn du das Bedürfnis verspürst, auf jemanden Druck auszuüben und ihm zu sagen, was er tun oder denken soll, versuche, dich zu bremsen: Versetze dich in die Lage der anderen Person. Echte Freunde erlauben einander, sie selbst zu sein.

5. **Räume dir nicht zu viel Platz ein.** Es ist gut, wenn man mit anderen über sich selbst sprechen kann: über Gedanken, Gefühle und Interessen. Das ist eine gute Möglichkeit, eine gemeinsame Basis zu schaffen. Andererseits kann man damit auch übertreiben. Vielleicht kennst du ein paar Menschen, die glauben, dass sich die Welt nur um sie dreht, dass sie alles am besten können und dass du darauf brennst, alles über ihr Leben zu erfahren. Auf-

schneider und Leute, die sich für das Zentrum des Universums halten, sind ziemlich gut darin, andere ins Abseits zu stellen. Es ist zwar gut, über sich zu erzählen. Aber es ist auch wichtig, anderen zuzuhören. Bei guten Freunden sollten die Rede- und „Interessensanteile" gleichmäßig verteilt sein.

6. **Biete deine Hilfe an.** Wenn du denkst, dass es jemand nötig hat, dann biete ihm Hilfe an – egal ob du für jemanden bei den häuslichen Pflichten einspringen oder einem Mitschüler ein Mathe-Problem erklären kannst. Gute Taten erzeugen meist Dankbarkeit und positive Gefühle – es fällt anderen schwer, jemanden nicht zu mögen, der hilfsbereit ist. Dasselbe gilt für schwierige Situationen, in denen du sicher bist, dass ein kleines Gespräch und eine Ermutigung jemandem sehr gut tun können. Vielleicht bist du mit diesem anderen gar nicht so vertraut. Aber mit einer solchen Geste kannst du ihm zeigen, dass du verstehst, wie er sich fühlt. Und es zeigt ihm, dass in dir das Potenzial steckt, ein enger Freund zu werden.

Du wirst feststellen, dass ihr alle etwas davon habt, wenn ihr so miteinander umgeht. Es tut auch einfach gut, für andere da zu sein!

„Ich weiß, was ich will – auch in schwierigen Zeiten verliere ich nie mein Ziel aus den Augen."
— *Mädchen, 15 Jahre*

„Ziele geben dir mehr Macht über dein eigenes Schicksal."
— *Mädchen, 14 Jahre*

„Wenn du nicht selbst darauf aufpasst, dass du auf dem richtigen Weg bist, wer wird es dann tun?"
— *Junge, 13 Jahre*

„Das Leben ist viel einfacher, wenn man weiß, was als Nächstes passiert."
— *Mädchen, 17 Jahre*

6 ÜBERNIMM DIE REGIE IN DEINEM LEBEN

Hast du manchmal das Gefühl, dass du dein Leben nicht im Griff hast? Dass du zwar dein Bestes gibst, dass sich aber dennoch Dinge ereignen, auf die du keinen Einfluss hast? Vielleicht bist du jetzt gerade so gestresst, dass du einfach nur irgendwie durchhältst – aber dir keine Gedanken über deine Zukunft machen kannst!? In einem solchen Zustand kann dir das Leben wie ein Film vorkommen, in dem du nur eine Figur bist, die den Anweisungen des Regisseurs zu folgen hat.

Es kann eine Menge Stress verursachen, wenn man das Gefühl hat, dass man sein Tun nicht mehr selbst kontrolliert und nicht weiß, worauf der eigene Film überhaupt hinausläuft. Wenn du dich nicht mehr in die Richtung bewegst, die du dir selbst vorstellst, können dir Ziele dabei helfen, wieder den Platz des Regisseurs einzunehmen. Schließlich ist es dein Leben – warum also solltest du nicht das Beste daraus machen?

SCHREIBE DEIN EIGENES DREHBUCH

Wie kommst du zurück auf den Regiestuhl? Stelle dir selbst einige entscheidende Fragen – Fragen, die deiner Zukunft klarere Umrisse geben können: Wohin führt mein Leben? Warum gehe ich in diese Richtung? Wer hat das so beschlossen? Was ist mir wirklich wichtig? Welcher Beschäftigung will ich in Zukunft nachgehen? Diese Lebensfragen sind schwierig zu beantworten – so schwierig, dass viele Menschen sich davor drücken, überhaupt darüber nachzudenken. Wenn man jedoch durchs Leben geht, ohne ein Gespür für die Richtung und den Sinn zu haben, kann das zu dem Gefühl führen, dass man auf der Stelle tritt. Du kannst aber selbst wieder die Regie übernehmen! Zuerst kannst du ein Drehbuch für einen Film mit dem Titel „Mein Leben" schreiben.

Denke dazu erst einmal über die Dinge nach, die du erreichen möchtest. Das können Ziele für die nahe Zukunft sein (in die A-Mannschaft zu kommen) oder auch längerfristige Ziele (Abitur zu machen). Egal wie groß oder klein sie sind – du solltest sie zuerst einmal formulieren. Denn das ist die Voraussetzung, um sie zu erreichen. Und so kannst du auch Stress reduzieren, denn du arbeitest dann auf etwas hin, was du selbst erreichen willst.

Die eigenen Ziele erfragen

Wenn es dir schwerfällt, deine Ziele zu formulieren, dann orientiere dich an den folgenden Fragen. Sicher findest du damit die richtige Richtung!

1. **Wofür interessierst du dich, wo liegen deine besonderen Talente?**
   Am glücklichsten ist man, wenn man das machen kann, was man wirklich mag und worin man gut ist. Versuche, dir Ziele auszudenken, die deinen Interessen, Leidenschaften und Fähigkeiten entsprechen.

2. **Wofür wärest du am liebsten bekannt?** Wenn wir für unsere Stärken respektiert werden, sind wir im Zweifelsfall glücklicher. Denke also über Stärken und Leistungen nach, für die du bekannt sein möchtest.

3. **Was ist dir am wichtigsten?** Wenn man das macht, was einem persönlich viel bedeutet, fühlt man sich eher ausgeglichen und zufrieden. Denke über Ziele nach, bei deren Erreichen du dich gut fühlen würdest.

4. **Wer sind deine Helden?** Die Menschen, die wir bewundern, öffnen uns ein Fenster zu unseren Träumen. Denke an deine Helden – Menschen, zu denen du aufschaust, weil sie etwas bewirkt haben. Warum bewunderst du sie? Inwieweit kannst du von ihren Stärken und Erfolgen lernen?

5. **Wo willst du leben?** Der Ort, an dem wir leben, spielt eine wichtige Rolle dabei, was für uns überhaupt machbar ist. Stelle dir deine Traumstadt oder dein Traumland vor. Welchen Einfluss könnte der Ort auf deine Ziele haben?

6. **Was würdest du machen, wenn du alles tun könntest, was du willst?**
   Setze deinen Träumen mal keine Grenzen. Was würdest du machen, wenn du so viel Freiheit, Geld, Zeit und Unterstützung hättest, wie du bräuchtest? Lasse deine Fantasie schweifen, und schaue, was dabei herauskommt.

Die Beantwortung dieser Fragen kann dir dabei helfen, deine Ziele für die nahe Zukunft und auf lange Sicht zu finden. Was auch immer es ist – wenn du darauf hinarbeitest, bist du mit dir selbst zufriedener, und du spürst weniger Angst vor der Zukunft. Vielleicht entdeckst du auch einige sehr ernsthafte Themen, die dir einen Hinweis liefern könnten, wovon der Film deines Lebens eigentlich handeln sollte.

WIE DU DEINE ZIELE ERREICHST

„Ich bewundere Ärzte, Krankenpfleger, Leute, die Verantwortung übernehmen, Polizisten – eigentlich alle, die keine Mühe scheuen, um anderen zu helfen. Mir ist wichtig, dass auch ich in dieser Richtung etwas bewege."
— *Mädchen, 15 Jahre*

„Ich kann mich gut ausdrücken, ich schreibe Gedichte und Geschichten. Schreiben ist für mich wie Atmen – ich brauche es zum Leben."
— *Mädchen, 13 Jahre*

„Das Leben auf der Erde ist nichts für mich. Nicht, weil es mir hier nicht gefällt, sondern weil ich mich für Raumfahrt interessiere. In zehn Jahren will ich auf der Internationalen Raumstation leben."
— *Junge, 14 Jahre*

„Mir macht das Klima Sorgen. In der Umwelt-AG lerne ich eine Menge über den Klimawandel. Ich glaube, dass ich eines Tages etwas dafür tun werde, dass sich ein paar Dinge hier gewaltig ändern."
— *Junge, 16 Jahre*

„Ich habe jede Menge Rhythmus im Blut – damit bin ich anscheinend auf die Welt gekommen. In der Zukunft sehe ich mich als Hiphopper … vielleicht sogar einen Plattenvertrag."
— *Junge, 14 Jahre*

Es ist nicht einfach, seine Ziele zu finden – und es ist auch nur der erste Schritt. Du brauchst auch einen Plan, um das zu erreichen, was du dir vorgenommen hast. Dazu kannst du eine Reihe von Zwischenzielen formulieren, die schließlich zu den großen Zielen führen. Dadurch spaltest du die großen Herausforderungen in kleinere Häppchen auf, die besser zu handhaben sind. Große Spielfilme können sehr beeindruckend sein, wenn sie auf einer riesigen Leinwand vorgeführt werden. Doch zuvor mussten auch sie erst Szene für Szene abgedreht werden.

Ziele formulieren in fünf Schritten

1. **Fasse dein Ziel schriftlich in Worte.** Zunächst und vor allem ist es wichtig, dass du dein Ziel definierst. Es ist schwierig, etwas erreichen zu wollen, von dem man keine klare Vorstellung hat. Sei bei der Beschreibung dessen, was du willst, so genau wie möglich.

2. **Liste die einzelnen Schritte auf, die zu deinem Ziel führen.** Denke über dein großes Ziel und über all die Dinge nach, die nötig sind, um es zu erreichen. Das sollten kleine Schritte sein, die du ohne Stress problemlos bewältigen kannst (wenn kurzfristige Ziele unerreichbar sind oder dich einschüchtern, kann es passieren, dass du frustriert aufgibst). Unterteile dein Vorhaben in so kleine Zwischenschritte, dass du diese einfach bewältigen kannst.

3. **Liste mögliche Hindernisse auf – und Ideen, wie du sie beseitigen kannst.** Viele Leute geben ihre Ziele auf und leben nur noch in der Gegenwart, wenn sich ihren Zukunftsplänen die kleinste Schwierigkeit in den Weg stellt. Eine gute Möglichkeit, deinen Elan zu behalten, besteht darin, mögliche Probleme vorauszuahnen und sich Lösungen zu überlegen, bevor sie auftreten.

4. **Liste die Personen und Dinge auf, die zum Erreichen deines Ziels hilfreich sein könnten.** Wer kann dir auf deinem Weg mit seiner Erfahrung helfen? Gibt es Bücher oder Webseiten, die dich weiterbringen? Wie kannst du an Fachwissen zum Thema kommen? An welchen Stellen kannst du Informationen und Unterstützung finden?

5. **Liste die Möglichkeiten auf, wie du deine Fortschritte messen kannst.** Es ist wichtig, seine Fortschritte zu kontrollieren. Wenn du diesem Punkt zu

wenig Aufmerksamkeit schenkst, kann es dir passieren, dass du vom Weg abkommst und viel Mühe umsonst aufwendest. Außerdem ist es sehr motivierend, und es gibt dir Selbstvertrauen, wenn du deine Fortschritte nachvollziehen kannst.

DIE MACHT DER ZIELE

Vielleicht kommt es dir mühsam vor, deine Ziele aufzuschreiben. Aber es ist eine sehr wirksame Methode. Untersuchungen zeigen, dass Menschen, die für sich ihre Ziele klar definieren, erfolgreicher dabei sind, sie auch zu erreichen. Der Verstand ist eine mächtige Kraft, und wenn du ihn auf die Dinge richtest, die du willst, hast du einen entscheidenden Vorteil.

Jetzt weißt du, wie man rein theoretisch seine Ziele findet. Wollen wir nun zur Tat schreiten, um zu sehen, wie es im wirklichen Leben funktioniert! Du kannst genau mit diesem Verfahren einen Plan entwerfen, um das zu erreichen, was du gerne schaffen willst.

Ziele formulieren in fünf Schritten – BEISPIEL

1. Fasse dein Ziel in Worte.

Ich möchte Informatik studieren und dabei lernen, wie man Webseiten programmiert. Schon in der Schule will ich mich deshalb mit dem Thema „Computer im Alltag" beschäftigen.

2. Liste die einzelnen Schritte auf, die zu deinem Ziel führen.

A. Ich werde mich um ein Praktikum in einem Technologieunternehmen kümmern.

B. Ich werde bei der Gestaltung der Schul-Webseite mitmachen.

C. Ich werde ehrenamtlich Computerkurse geben für Leute, die davon nicht so viel Ahnung haben.

D. Ich werde der Computer-AG beitreten und bei Webprojekten mitarbeiten.

E. Ich werde meinen eigenen Internetauftritt gestalten und mich und meine Fähigkeiten dort vorstellen.

3. Liste mögliche Hindernisse auf – und Ideen, wie du sie beseitigen kannst. Das könnte dazwischenkommen:

A. In meiner Nähe gibt es keine Praktikumsplätze.
Ich könnte versuchen, einen entsprechenden Kurs zu machen oder einen Nebenjob als Webdesigner in der Firma von Franks Mutter annehmen.

B. Meine Schule hat keine Computer-AG und keine Webseite.
Ich könnte eine AG gründen und selbst eine Webseite für die Schule entwickeln.

C. Ich weiß noch nicht genug, um selbst eine eigene Webseite zu entwickeln.
Ich könnte Herrn Schmidt, meinen EDV-Lehrer, um Hilfe bitten.

4. Liste die Personen und Dinge auf, die zum Erreichen deines Ziels hilfreich sein könnten.

A. Herr Schmidt vom Computerraum.

B. Tille, unser „Computerfreak".

C. Frau Hannover, unsere Berufsberatungs-Lehrerin.

D. Computermagazine und Fachzeitschriften.

5. Liste die Möglichkeiten auf, wie du deine Fortschritte messen kannst.

A. Das Praktikum oder Kurse verschaffen mir Erfahrung und Wissen.

B. Ich arbeite an der Webseite der Schule.

C. Ich unterrichte andere und verbessere mich dadurch auch selbst.

D. Ich mache in der Computer-AG mit.

E. Ich gestalte meine eigene Webseite (und sie sieht super aus!)

Es ist natürlich ein bisschen zeitaufwändig, bei all deinen Zielen so vorzugehen. Aber wenn du keine genauen Pläne machst, wird der Film deines Lebens niemals mehr sein als ein Tagtraum. An einem gewissen Punkt wachst du auf und stellst fest, dass du keinen Schritt vorangekommen bist.

Denke beim Verfolgen deiner Ziele daran, dass der Film deines Lebens ein Werk ist, das noch in Arbeit ist. Du musst also keine Hemmungen haben, dein Drehbuch zu verbessern und deine Ziele zu korrigieren, wenn sich deine Einstellung oder deine Prioritäten ändern. Du kannst deine Ziele und Visionen am Computer festhalten, sodass du im Laufe der Zeit Änderungen vornehmen kannst.
Denke auch daran, dass das Setzen von Zielen sich nicht nur auf die großen Lebensträume bezieht. Das Verfahren mit den fünf Schritten kannst du genauso gut auf die großen und kleinen Angelegenheiten des Alltags anwenden. So bekommst du die wichtigen Dinge auf die Reihe, und du kannst den Stress in deinem Leben reduzieren.

Wenn du weißt, wo dich dein Weg hinführt, fühlst du dich sicherer und bist im Reinen mit dir selbst. Außerdem übernimmst du so die Regie in deinem Leben. Es verschafft Freude und Zufriedenheit, wenn die eigenen Träume Wirklichkeit werden. Und dadurch wächst auch dein Selbstvertrauen. Du arbeitest daran, aus deinem Leben einen supererfolgreichen Film zu machen. Und du kannst stolz darauf sein, darin die Hauptrolle zu spielen.

WEITERE INFORMATIONEN FINDEST DU HIER:

Covey, Sean:
**Die 6 wichtigsten Entscheidungen für Jugendliche:
Wie du die Weichen für dein Leben richtig stellst.**
GABAL Verlag, 2008. ISBN 978-3-897-49847-1

„Mein Stundenplan
sieht aus wie die Info-
Tafel am Flughafen,
wo die Ankünfte und
Abflüge draufstehen.
Er ist proppenvoll!
Wenn ich nicht
aufpasse, hinke ich
schnell hinterher."
— *Mädchen, 14 Jahre*

„Es ist nicht einfach, eine
Grenze zu ziehen, wenn man
darüber nachdenkt, wie weit
man anderen helfen kann oder
soll – oder nicht."
— *Junge, 15 Jahre*

„Die Zeit scheint immer schneller zu vergehen.
Ich weiß nicht, ob es tatsächlich so ist.
Oder ob es mir nur so vorkommt,
weil ich einen Tag mit immer mehr
Aufgaben vollstopfen muss."
— *Junge, 16 Jahre*

„Es ist wichtig, seine Aufgaben
zu erledigen. Zu wissen,
wie man mit seiner Zeit
umgeht, hilft mir dabei."
— *Mädchen, 13 Jahre*

7 MACHE DIE ZEIT ZU EINEM VERBÜNDETEN

> Doch, ich habe Zeit. Wann treffen wir uns?

Nehmen wir an, es ist Sonntagmorgen. Du öffnest die Augen und schaust in einen blauen Himmel. Du malst dir aus, dass du zum See gehen und den Tag genießen wirst. Doch dann kommen dir all die Dinge in den Sinn, die du machen sollst: Dein Vater will, dass du im Garten mithilfst. Deine Mutter hat nächste Woche Geburtstag – und du hast immer noch keine Glückwunschkarte und keine Zutaten für den Kuchen, den du backen wolltest. Morgen ist der Test in Geschichte, und das Deutsch-Referat ist nächsten Freitag fällig. Dann wäre da noch das Vorstellungsgespräch am Mittwoch für ein Praktikum – und, ach ja, die CDs für die Party, die du verloren hast, müssen auch nochmal kopiert werden. Ansonsten wäre eigentlich alles paletti.

Glaubst du, du schaffst das alles? Ist dein Leben wie ein rollender Schneeball, der von all den Pflichten immer größer wird und dich zu ersticken droht? Denkst du, dass du genug Zeit hast, um alles zu erledigen, was du tun musst? Bleibt dir zu wenig freie Zeit für andere Sachen, die dir Spaß machen? Wenn du dich wegen all der Pflichten unter Druck gesetzt fühlst, gibt es eine Methode, die dir gegen Stress helfen kann: Zeitmanagement.

GENÜGEND SCHLAF

Wenn du glaubst, dass du dein Zeitproblem durch weniger Schlaf lösen kannst, denke lieber nochmal darüber nach. Laut Empfehlung von Fachleuten brauchen Jugendliche neun bis zehn Stunden Schlaf jeden Tag. Bereits etwas weniger Schlaf kann zu weniger Energie, mehr Stress, mangelnder Konzentration und sogar Niedergeschlagenheit und Depression führen. Eine Hauptursache von zu wenig Schlaf ist, dass man einfach zu viel zu tun hat: Nach einem vollen Tag mit Schule, Sport, Theater, einem Job und sonstigen Beschäftigungen bist du möglicherweise nicht in der Lage, an die Hausaufgaben zu denken, ehe es schon sehr spät geworden ist. Ein anderer Faktor: Forscher haben herausgefunden, was viele Jugendliche bestens wissen – oft fällt es ihnen schwer, einzuschlafen, bevor es bereits tief in der Nacht ist. Die biologische Uhr bei Jugendlichen verschiebt den Schlafzyklus auf die späteren Stunden – es fällt ihnen einfach sehr schwer, früh ins Bett zu gehen. Aber wenn du dich nicht die ganze Nacht erholen kannst, kann das dazu führen, dass du wie ein Schlafwandler durchs Leben gehst und die unsichtbaren Stresstiger dich auf Schritt und Tritt verfolgen.

WIE ZEITMANAGEMENT DIR HELFEN KANN

Ist dein Zeitplan überfrachtet, ist es schwierig, alles zu bewältigen. Du kannst die unsichtbaren Tiger wecken, wenn du dir zu viel vornimmst und dich so zu stark unter Druck setzt. Mit dem richtigen Zeitmanagement lässt sich das vermeiden. Du wirst damit deine Aufgaben leichter schaffen und die richtigen Entscheidungen bezüglich deiner Planung treffen, unabhängig davon, wie viel du gerade zu tun hast.

PRIORITÄTEN SETZEN

Mit dem Zeitmanagement findest du leichter Antworten auf Fragen wie: Was ist wichtig? Was muss ich zuerst erledigen? Was kann ich auf später verschieben? Wenn du dir Prioritäten setzt und dir Klarheit darüber verschaffst, welche Aufgaben wichtiger sind, wirst du mehr Kontrolle über dein Leben gewinnen und das stressige Gefühl loswerden, dass alles jetzt sofort gemacht werden muss. Probiere die ABC-Methode aus, ein einfacher Weg, um sich über die Prioritäten Klarheit zu verschaffen und Ordnung ins Chaos der zahllosen Verpflichtungen zu bringen.

Die ABC-Methode

1. **Erstelle zuerst eine Aufgabenliste mit allem, was du in naher Zukunft erledigen musst.** Liste auch die Dinge auf, für die es einen festen Termin gibt (z. B. Hausaufgaben) und die regelmäßig jede Woche vorkommen, z.B. Zeit mit der Familie oder Freunden verbringen, Einkäufe, Sport, Helfen im Haushalt etc.

⇨ **ABC-Aufgaben – <u>Schritt 1</u>**

> Papa im Garten helfen.
>
> Glückwunschkarte und Kuchenkram für Mamas Geburtstag besorgen.
>
> Lernen für Geschiklausur am Montag.
>
> Nächsten Joggingtermin mit Lena ausmachen.
>
> Am Deutschreferat für Freitag arbeiten.
>
> Lieblings-CDs austauschen.
>
> Meditieren.
>
> Oma anrufen.
>
> Mit Anna ins Kino gehen.
>
> Vorbereitung auf das Vorstellungsgespräch am Mittwoch.
>
> E-Mail an Herrn Meyer schreiben.
>
> Joggen mit Lena.

2. Ordne jetzt jeden Punkt auf deiner Liste entsprechend der folgenden Skala ein:

A: Sehr wichtig, muss so bald wie möglich erledigt werden

B: Ziemlich wichtig, kann aber warten, bis die A-Punkte erledigt sind.

C: Wäre gut, ist aber nicht unbedingt notwendig.

Der Sonntag ist beispielsweise der einzige Tag in der Woche, an dem du deinem Vater im Garten helfen kannst – also bekommt dieser Punkt mit A die höchste Priorität. Dein Deutsch-Referat ist zwar wichtig, muss aber nicht gleich gemacht werden, also gehört es zur Kategorie B. Du magst Anna und würdest gern mit ihr ins Kino ge-

hen, trotzdem gehört der Kinobesuch eher zur Kategorie C, weil er nicht unbedingt sofort notwendig ist. Im Ergebnis könnte deine Liste jetzt so ausschauen:

⇨ **ABC-Aufgaben – <u>Schritt 2</u>**

A. Papa im Garten helfen.

B. Glückwunschkarte und Kuchenkram für Mamas Geburtstag besorgen.

A. Lernen für Geschiklausur am Montag.

C. Nächsten Joggingtermin mit Lena ausmachen.

B. Am Deutschreferat für Freitag arbeiten.

C. Lieblings-CDs austauschen.

B. Meditieren.

B. Oma anrufen.

C. Mit Anna ins Kino gehen.

A. Vorbereitung auf das Vorstellungsgespräch am Mittwoch.

A. E-Mail an Herrn Meyer schreiben.

C. Joggen mit Lena.

3. **Sortiere jetzt deine Liste nach A, B und C.** Wenn du die einzelnen Punkte gruppiert hast, dann bestimme die Rangfolge innerhalb jeder Gruppe (sofern jede Gruppe mehrere Aufgaben enthält). Die wichtigste Aufgabe der Gruppe A bekommt also die Nummer A-1, die nächste A-2 usw. Der letzte Schritt besteht einfach darin, die einzelnen Gruppen nach Nummern zu sortieren. Deine Liste könnte dann so aussehen:

⇨ **ABC-Aufgaben – <u>Schritt 3</u>**

A-1. Papa im Garten helfen.

A-2. Lernen für Geschiklausur am Montag.

A-3. E-Mail an Herrn Meyer schreiben.

A-4. Vorbereitung auf das Vorstellungsgespräch am Mittwoch.

B-1. Glückwunschkarte und Kuchenkram für Mamas Geburtstag besorgen.

B-2. Am Deutschreferat für Freitag arbeiten.

B-3. Oma anrufen.

B-4. Meditieren.

C-1. Nächsten Joggingtermin mit Lena ausmachen.

C-2. Joggen mit Lena.

C-3. Mit Anna ins Kino gehen.

C-4. Lieblings-CDs austauschen.

Jetzt hast du einen besseren Überblick, welche Aufgaben höchste Priorität haben und welche warten können. Wenn du mit der A-Gruppe fertig bist, kannst du dich an die Bs machen und dann, wenn du noch Zeit hast, an die Cs. Wenn du wirklich nicht alles schaffst, bist du dir zumindest sicher, dass die wichtigsten Dinge nicht durchs Raster gefallen sind. Du erkennst auch, über welche Angelegenheiten du dir nicht so große Sorgen machen musst oder worauf du eventuell völlig verzichten könntest.

Deine Prioritätenliste ist aber nicht in Stein gemeißelt, denn die Aufgaben können sich von Tag zu Tag ändern, manchmal sogar von einer Stunde auf die andere. So könnte sich beispielsweise dein Deutsch-Referat eine Woche nach hinten verschieben. Oder deine Freundin Anna hat vor dem übernächsten Wochenende gar keine Zeit fürs Kino. Wenn sich also etwas ändert, stelle deine Prioritätenliste entsprechend um. Welche Aufgabe du als nächstes anpackst,

hängt auch von der Tageszeit ab. Wenn es schon spät am Abend ist, wird es gar nicht mehr möglich sein, eine Geburtstagskarte und Backzutaten aufzutreiben. Vielleicht ist es aber genau der richtige Zeitpunkt für deine Meditationsübung.

Dein Ziel muss nicht sein, alles auf der Liste abzuarbeiten. Wenn es klappt – großartig, aber setze dich nicht zu sehr unter Druck. Gib einfach dein Bestes in der Zeit, die dir zur Verfügung steht. Zumindest hast du dann die wichtigsten Dinge erledigt, was dir schon eine Menge Stress erspart.
Wenn du dir keine Prioritäten setzt, stehst du auf einmal mit einer ganzen Sammlung von Verpflichtungen da und willst irgendwie alles auf einmal machen. Dann scheint plötzlich alles deine volle Aufmerksamkeit zu verlangen – und ein Tag voller Stress und Panik ist dir sicher. Der Rest des Kapitels enthält weitere Strategien und Ratschläge für das Zeitmanagement, mit denen du dich weiter zum Experten der „Tigerzähmung" entwickeln kannst.

TIPPS FÜR DAS ZEITMANAGEMENT

1. **Nimm dir die Freiheit, und sag auch mal nein.** Schnell ist man überfordert, wenn man es allen recht machen will und nicht nein sagen kann – egal ob jemand mit dir chatten will, ein Freund deine Hilfe braucht oder eine Party steigt. Es ist wichtig, dass du deine Grenzen kennst und die Einladungen bzw. Bitten anderer ablehnst, wenn du keine Zeit hast. Wenn du überlastet bist und kaum Zeit für die A-Punkte deiner Prioritätenliste hast, ist es an der Zeit, nein zu sagen zu dem, was dich zeitlich noch mehr einengt. Achte auch auf Gelegenheiten, um die Aufgaben am Ende deiner Liste zu erledigen, damit sich deine To-Do-Liste leert. Wenn du es lernst, auch mal nein zu sagen, beweist du Respekt vor dir selbst und kannst dich besser auf das konzentrieren, was für dich wirklich wichtig ist.

2. **Erkenne, wann du für etwas in Topform bist.** Du kannst deine Zeit besser nutzen, wenn du weißt, wann du etwas am besten erledigst. Manche lernen morgens am besten und wollen sich am Nachmittag körperlich betätigen. Andere nutzen die abendliche Ruhe zu Hause fürs Lernen und wollen am Morgen so lange wie möglich schlafen. Wenn du weißt, wann du eine bestimmte Aufgabe am besten erledigst, dann richte deinen Zeitplan danach aus – und vermeide alle Ablenkungen, wie Telefonate, E-Mails, SMS etc. Wenn du jeden Tag einen ungefähr gleichen Zeitplan einhältst, wirst du deine Aufgaben effektiver erledigen.

3. **Schlaf dich aus.** Schlaf scheint nicht gerade das geeignete Mittel, damit sich die Dinge erledigen. Doch wenn du dich wirklich gut ausruhst, bist du frisch und bereit, dich den Herausforderungen eines neuen Tages zu stellen. Nach ausreichend Schlaf ist dein Verstand wacher, und er kann Bestleistungen vollbringen. Auch dein Körper ist ausgeruht – du fühlst dich weder müde noch schlapp.

4. **Mach mal Pause.** Zeitmanagement bedeutet nicht, dass du jede Sekunde tätig sein sollst. Pausen sind einfach notwendig, um munter und produktiv zu bleiben. Wenn du lang und intensiv an einem Referat gearbeitet hast, dann nimm dir die Zeit, um aufzustehen, dich mal zu

strecken und vielleicht eine Kleinigkeit zu essen. Ein kurzer Spaziergang wäre auch nicht schlecht, damit du dich danach wieder konzentrieren kannst. Musik hören oder mit dem Hund spielen – auch das sind gute Ideen für kleine Pausen, solange sie sich nicht zu Zeit raubenden Ablenkungen auswachsen.

5. **Hüte dich vor Zeitfressern.** Es ist in Ordnung, ein bisschen am Computer zu spielen, ein wenig im Internet zu surfen, mal eben mit einem Freund zu telefonieren oder kurz Fernsehen zu schauen. Aber pass auf, dass du es nicht übertreibst! Denn diese Ablenkungen können dich für Stunden regelrecht aufsaugen. Du schaltest in einer „kleinen" Pause den Fernseher ein oder setzt dich an den Computer – und dann merkst du gar nicht, wie die Zeit vergeht. Ehe du dich versiehst, ist es Mitternacht, du bist müde, und dein „Arbeits-Berg" ist noch ebenso hoch wie vorher.

6. **Verwende einen Kalender oder Planer.** Für die Schule hast du sicher einen Stundenplan und ein Hausaufgabenheft. Aber hast du etwas für deine sonstigen Aktivitäten – z.B. für die Treffen mit deinen Freunden oder für Familienereignisse? Mit einem Kalender oder Planer gewinnst du auch darüber einen guten Überblick und kannst vermeiden, dass du dir zu viel zumutest oder sich deine Termine überschneiden. Einen Planer kannst du dir in einem einfachen Schulheft selbst entwerfen; aber auch in den meisten Handys und E-Mail-Programmen findest du geeignete Tools, mit denen du deine Daten verwalten kannst.

Du verschaffst dir einen besseren Überblick und vermeidest Chaos, wenn du dir Prioritäten setzt und deine Zeit „managst". Du bekommst ein Gespür dafür, wie man die Dinge am besten erledigt, und dein Selbstvertrauen wächst mit. Außerdem hältst du dir die unsichtbaren Tiger vom Leib und verschaffst dir Zeit für etwas, das sehr wichtig ist – nämlich Ausruhen und Entspannen.

„Ich bin stolz auf das, was ich schon geschafft habe. Aber ich bin noch viel neugieriger darauf, was die Zukunft bringt."
— *Mädchen, 16 Jahre*

„Ich habe Angst, Fehler zu machen, wenn ich etwas zum ersten Mal probiere. Ich wäre lieber weniger ängstlich."
— *Junge, 15 Jahre*

„Wenn ich mir selber keine neue Herausforderung suche, kommt es mir so vor, als ob ich auf der Stelle trete."
— *Mädchen, 13 Jahre*

„Das Leben ist spannender, wenn ich was Neues ausprobiere."
— *Junge, 12 Jahre*

8 TRAU DICH, UND VERSUCHE ETWAS NEUES

Was fällt dir ein, wenn du hörst: „ein Risiko eingehen"? Denkst du wie die meisten Menschen, dass ein Risiko etwas Schlimmes ist, etwas, bei dem man Schwierigkeiten bekommen kann? Ohne Zweifel gibt es Risiken, die man auf keinen Fall eingehen sollte (z.B. Drogen nehmen oder sich auf gefährliche Stunts einlassen). Aber ein positives Risiko kann sich durchaus positiv auf dein Leben auswirken und deinen Stress reduzieren. Wie das? Wenn du Risiken eingehst, kannst du deine Interessen ausloten, neue Dinge kennenlernen und Herausforderungen ins Auge schauen. Anstatt einfach bequem rumzuhängen, kannst du deine Grenzen testen und erfahren, wozu du fähig bist.

BIST DU RISIKOFREUDIG?

Beantworte zuerst die folgenden Fragen, um zu sehen, ob du risikofreudig bist.
Was würdest du lieber machen:

- Mit deinen Freunden herumhängen oder neue Bekanntschaften schließen?
- In der Projektwoche ein Projekt aussuchen, von dem du sicher bist, dass es einfach wird, oder ein interessanteres, das eine gewisse Herausforderung darstellt?
- Nach der Schule deinen üblichen und vertrauten Hobbys nachgehen oder auch mal was Neues ausprobieren?

FANGE KLEIN AN, UND GIB DIR EINE CHANCE, DAZUZULERNEN

Wenn du dich auf ein Risiko einlässt, musst du dich nicht sofort auf das End-ergebnis konzentrieren. Schaue lieber auf den nächsten kleinen Schritt, den du machen kannst. Wenn du dich beispielsweise dazu entschieden hast, einen Marathon zu laufen, wirst du sicher scheitern, wenn das Rennen gleich am nächsten Tag stattfindet. Ein Marathonlauf geht immerhin über 42,2 km – was sogar für einen trainierten Läufer eine sehr lange Distanz ist. Es hat also überhaupt keinen Sinn, ohne ein ausreichendes und systematisches Training bei einem solchen Lauf an den Start zu gehen. Aber du kannst klein anfangen. Rede z.B. mit deinem Sportlehrer darüber, wie man ein Trainingsprogramm aufbauen sollte, um seine Ausdauer schrittweise zu verbessern.
Je besser du dich vorbereitest und je mehr du von der neuen Herausforderung verstehst, desto mehr bist du für den nächsten Schritt bereit ... und für den nächsten und übernächsten, bis du die Ziellinie vor Augen hast.

Auf den Punkt gebracht: Kleine Schritte sind wichtig, wenn man ein Risiko ein-geht und etwas Neues ausprobiert. Wenn du immer wieder kleine Zwischen-ziele schaffst, motivierst du dich selbst. Und mit deinen Fortschritten wächst dein Selbstvertrauen, mit dem du dich zukünftigen Herausforderungen stellen kannst.

SEI KEIN PERFEKTIONIST

Sich auf ein Risiko einzulassen, kann für Menschen ziemlich hart sein, die glau-ben, sofort in allem erfolgreich und gut sein zu müssen. So etwas nennt man Perfektionismus. Und Perfektionisten haben es schwer, denn ihr Selbstvertrau-en steht jede Minute auf dem Spiel – und das wiederum ist stressig. Oft treiben sich diese Menschen in allen Bereichen ihres Lebens selbst an.

Weil es für einen Menschen unmöglich ist, perfekt zu sein, ist Perfektionismus ein sicheres Rezept dafür, mit sich niemals zufrieden zu sein. Viele Perfektionis-ten leiden an Depressionen und sehen schwarz, weil sie ihre eigenen, extrem hohen Erwartungen an sich selbst niemals erfüllen können.

Weil Perfektionismus Menschen davon abhält, Risiken einzugehen und Neues auszuprobieren, verhindert er auch, dass man sich weiterentwickelt und verändert. Manchmal bremst er die Betroffenen sogar. Ein Perfektionist kann zum Beispiel immer wieder ein und dieselbe Aufgabe machen, um sie möglichst perfekt hinzubekommen, obwohl er schon beim ersten Mal sehr gut war.

Sicher neigen wir alle ab und zu mal zum Perfektionismus. Aber bei manchen betrifft es jeden Teil ihres Lebens. Mit dem folgenden Fragebogen kannst du herausfinden, inwieweit du dazu tendierst. Lies jedes Statement durch, und entscheide spontan und ehrlich, wie sehr du der Aussage zustimmst.

Schreibe die Punktzahl für jede Antwort auf, und addiere sie.

BIST DU EIN PERFEKTIONIST?

Punkte: +2 | Ich stimme vollkommen zu
+1 | Ich stimme zu
0 | Dazu habe ich keine Meinung
−1 | Ich stimme nicht zu
−2 | Ich stimme in keinster Weise zu

1. Wenn ich mir nicht das Bestmögliche zum Ziel setze, bin ich ein Versager.
2. Die Leute denken schlecht von mir, wenn ich Fehler mache.
3. Wenn ich etwas nicht richtig gut kann, dann mache ich es auch nicht.
4. Ich rege mich auf, wenn ich einen Fehler mache.
5. Wenn ich mein Bestes gebe, werde ich in allem eine Bestleistung erreichen.
6. Es ist ein Zeichen von Unreife, Schwächen zu zeigen.
7. Ich sollte ein und denselben Fehler nicht zwei Mal machen.
8. Wenn man bei irgendetwas nur mittelmäßig ist, ist das unbefriedigend und es lohnt die Mühe nicht.
9. Scheitern macht mich irgendwie kleiner.
10. Wenn ich mich über meine Fehler aufrege, hilft mir das, es beim nächsten Mal besser zu machen.

Fünf Möglichkeiten gegen den Perfektionismus

Zähle nach Beantwortung der Fragen deine Punkte zusammen. Wenn du mehr als null Punkte hast, bedeutet das, dass du eine gewisse Tendenz zum Perfektionismus hast. Wenn du eine sehr hohe Punktezahl (zwischen 15 und 20 Punkten) hast, ist dein Leben vielleicht ziemlich stressig. Wenn du einen derartigen Druck spürst, ist es wohl am besten, wenn du mit deinen Eltern oder einem anderen Erwachsenen, dem du vertraust, darüber sprichst. Es folgen nun fünf Vorschläge, wie du gegen den Perfektionismus ankämpfen kannst:

1. **Gestehe dir zu, Fehler zu machen.** Denke immer daran, dass du nicht absolut perfekt sein musst. Wir sind alle nur Menschen, und es ist völlig in Ordnung, wenn uns mal Fehler unterlaufen. Wenn du an einer Arbeit sitzt, dann sage dir selbst: „Ich weiß, dass ich nicht perfekt bin. Und das ist in Ordnung. Durch Fehler kann ich lernen, und wenn ich mein Bestes gebe, reicht das." Wiederhole diesen Satz immer wieder, wenn du arbeitest.

2. **Setze dir Zeitlimits.** Hast du schon mal zu viel Zeit investiert, weil du etwas perfekt machen wolltest? Vielleicht hast du das Gefühl, immer weiter daran arbeiten und es besser machen zu müssen, egal wie viel Mühe du schon aufgewendet hast. Am besten überlegst du dir immer im Voraus, wie lange eine bestimmte Aufgabe dauern sollte. Arbeite daran, bis diese Zeit abgelaufen ist, und höre dann auf. Wenn du meinst, du solltest noch mehr Zeit darauf verwenden, kannst du das mit einem Lehrer abklären, der dir eine objektive Einschätzung deiner Fortschritte geben kann.

3. **Vermeide negatives Denken.** Reduziere deine negativen Gedanken, indem du dich im positiven Denken übst. Überlege dir beispielsweise für jeden schlechten Gedanken, der dir in den Sinn kommt, fünf positive. Mehr über positive Denkweisen erfährst du ab Seite 117.

4. **Sprich Perfektionismus in der Familie an.** Oft „erben" Jugendliche perfektionistische Züge von ihren Eltern oder anderen Familienangehörigen. Vielleicht sind die Erwachsenen um dich herum Perfektionisten, und du hast

ihr Verhalten übernommen. Oder vielleicht hast du nur das Gefühl, dass sie von dir erwarten, in der Schule und bei anderen Dingen immer perfekt zu sein. Wenn es so ist, dann solltest du mit einem Erwachsenen, dem du vertraust und der keinen Druck auf dich ausübt, darüber sprechen. Dieser kann die Lage als Außenstehender beurteilen und hat vielleicht Ideen, wie du das Thema mit deinen Angehörigen besprechen könntest.

5. **Gönne dir Pausen.** Es ist normal, wenn du in der Schule und bei anderen Dingen dein Bestes geben willst. Aber genauso wichtig ist es, dass du manche Sachen aus reinem „Spaß an der Freude" machst. Suche dir Situationen, in denen du dich nicht darum zu kümmern brauchst, wie gut du es machst – Hauptsache, du hast Spaß dabei. Gehe spazieren, schau dir einen Film an, wirf deine Frisbee-Scheibe durch die Gegend, rufe jemanden aus deiner Familie an, oder tu sonst irgendetwas, was dir Freude bereitet.

„GUTE" UND „SCHLECHTE" RISIKEN

Wie kannst du beurteilen, ob ein Risiko gut oder schlecht ist? Denke an das Schlimmste, was passieren kann. Gefährdest du dich selbst oder einen anderen? Kann Eigentum zerstört werden? Ist es illegal? Werden die Gefühle eines anderen verletzt? Wenn auf eine dieser Fragen die Antwort „ja" lautet, ist es ein schlechtes Risiko. Wenn das Schlimmste, was passieren kann, eine kleine Verlegenheit oder Peinlichkeit ist, handelt es sich wahrscheinlich um ein Risiko, auf das du dich einlassen kannst. Im Kapitel „Behalte festen Boden unter den Füßen" (Seite 109) kannst du mehr darüber lesen, wie man Risiken einschätzt.

20 IDEEN, ETWAS POSITIVES ZU WAGEN

1. Tritt einem Klub oder Verein bei – oder gründe einen.
2. Mache neue Bekanntschaften.
3. Kandidiere als Klassen- oder Schulsprecher.
4. Schreibe Geschichten oder Berichte für eine Zeitung, fürs Radio oder Fernsehen.
5. Sprich vor der Klasse.
6. Probiere ein schwieriges Projekt/eine reizvolle AG … aus.
7. Stehe für deine Interessen ein.
8. Mache beim Schultheater mit.
9. Gestalte deinen eigenen Internetauftritt.
10. Beginne einen Blog.
11. Mache bei einem Talentwettbewerb mit.
12. Schließe dich einer Mannschaft an.
13. Gründe eine Band.
14. Mache eine Ausstellung mit deinen Zeichnungen oder Fotografien.
15. Mache ehrenamtlich bei einer Sache mit, die du gut findest (Tierschutz, Umweltschutz …).
16. Gestalte dein eigenes Comicheft.
17. Tausche mit anderen deine Erzählungen oder Gedichte aus.
18. Belege einen Kochkurs.
19. Unterstütze jüngere Schüler.
20. Schließe dich der Schulband an.

SUCHE UNTERSTÜTZUNG, UND FEIERE DEINE ERFOLGE

Ein Risiko einzugehen, bedeutet nicht, dass du alles ohne die Hilfe anderer machen sollst. Es ist im Gegenteil sehr wichtig, von anderen Ermutigung und Ratschläge zu bekommen. Eltern, Freunde, Nachbarn, „Spezialisten" in bestimmten Dingen und andere, denen du vertraust, können dir helfen, wenn du auf Hindernisse stößt. Denn es kann schon mal vorkommen, dass die Dinge nicht so laufen, wie du es geplant hast. Aber diese Menschen können dich unterstützen, damit du wieder auf die richtige Spur kommst. Ein Risiko einzugehen und sich Unterstützung zu sichern, das geht Hand in Hand.

Ebenso wichtig ist es, dass du deine Erfolge zu würdigen weißt, mögen sie auch klein scheinen. Große Erfolge kommen gewöhnlich nicht über Nacht. Sie sind eher das Ergebnis zahlreicher kleinerer. Gelungene Schritte in Bereichen, die für dich neu sind, verdienen Anerkennung und dürfen gefeiert werden. Sie sind der Beweis für deinen Fortschritt in Richtung deiner großen Ziele, und sie sind eine große Motivation. Du kannst dir sogar ein Belohnungssystem für deine Erfolge ausdenken – gönne dir etwas Nettes auf deinen Zwischenstationen entlang des Weges, so wie ein Wanderer hin und wieder einkehrt, um sich zu stärken.

„Meine Freunde treiben mich ganz schön an, selbst wenn ich sage, dass ich etwas nicht machen will. Es ist schwierig, man selbst zu bleiben und gleichzeitig akzeptiert zu werden."
— *Junge, 14 Jahre*

„Ich mag dieses Gefühl, wenn ich Entscheidungen treffe, die richtig für mich sind. Meine wirklich guten Freunde mögen mich, egal welche Entscheidungen ich treffe."
— *Mädchen, 13 Jahre*

„Ich bin früher sehr leicht wütend geworden und habe Sachen gemacht, die die Situationen nur noch schlimmer machten. Jetzt überlege ich immer zuerst, bevor ich etwas mache."
— *Mädchen, 16 Jahre*

„Wenn mir eine Situation nicht gefällt, dann gehe ich weg. So einfach ist das!"
— *Junge, 15 Jahre*

9

BEHALTE FESTEN BODEN UNTER DEN FÜSSEN

Kannst du dir vorstellen, wie es wäre, ein Erdbeben mitzuerleben – wie alles um dich herum anfängt, sich zu bewegen, wie die Häuser hin- und herschwanken und sich der Gehweg unter deinen Füßen hebt und senkt? Jetzt stelle dir vor, lange Zeit auf diese Weise zu leben. Ständig bewegt sich die Erde unter deinen Füßen, du hast immer Angst und weißt nicht, was du als Nächstes tun sollst. Wenn du keine Ahnung hast, welche Entscheidungen in stressigen Zeiten die besten sind, kann sich das so anfühlen, als ob du auf wackeligem Grund stehen würdest. Die Fähigkeit, Entscheidungen zu treffen, kann dir dabei helfen, die Kontrolle zurückzugewinnen und deinen Stress zu reduzieren.

ENTSCHEIDUNGEN SIND MÄCHTIG

Das meiste im Leben hängt letztendlich von deinen Entscheidungen ab. Ob etwas Gutes oder Schlechtes passiert, wird bestimmt davon, wofür du dich entscheidest. Als du noch jünger warst, haben deine Familie und andere Leute eine Menge Entscheidungen für dich getroffen. Sicher bekommst du auch jetzt noch Anleitung von Erwachsenen und musst dich an bestimmte Regeln halten. Aber erwachsen zu werden, bedeutet auch, dass du immer mehr Entscheidungen selbst treffen musst. Und mit diesen neuen Freiheiten kommt auch mehr Verantwortung auf dich zu. Deshalb ist es so wichtig, bei deinen Entscheidungen immer auch an das Endergebnis zu denken. Jede einzelne Entscheidung ist von Bedeutung. Es ist nicht immer leicht, zu wissen, wie man sich entscheiden soll, besonders wenn man sich von jemand anderem unter Druck gesetzt fühlt.

GUTE ODER SCHLECHTE ENTSCHEIDUNG?

1. Gerät irgendjemand in Gefahr?
2. Wird irgendjemand nicht respektiert oder sogar beleidigt?
3. Wird das Eigentum eines anderen gestohlen oder beschädigt?
4. Verschlimmert die Entscheidung eine Situation?
5. Wird irgendein Gesetz gebrochen?
6. Muss ich in Bezug auf irgendetwas lügen?
7. Wird ein Konflikt schlimmer?
8. Bekomme ich Ärger mit meinen Eltern, mit der Schule oder mit dem Gesetz?
9. Werde ich jemanden enttäuschen?
10. Werde ich mich selbst hinterher schlecht fühlen?

Wenn du nicht alle diese Fragen absolut und ohne Zweifel mit „nein" beantworten kannst, solltest du ernsthaft darüber nachdenken, ob deine Entscheidung wirklich eine gute ist. Wenn es um etwas Wichtiges geht, wäre es sicher sinnvoll, den Rat deiner Eltern oder anderer Erwachsener einzuholen, denen du vertraust oder die sich mit der Sache auskennen.

ENTSCHEIDEN UNTER DRUCK

Viele Dinge können einer guten Entscheidung im Weg stehen – dazu gehören auch heftige Gefühle. Wut und andere Emotionen können dazu führen, dass man in schwierigen Situationen falsch reagiert. Oft, wenn wir die Kontrolle verlieren und handeln, ohne nachzudenken, werden wir gewalttätig, wir fluchen, schimpfen, schreien, wir stoßen Drohungen aus, machen andere nieder, zerstören Gegenstände und legen uns mit Autoritätspersonen an.

Was kannst du tun, um einen klaren Kopf zu behalten, wenn jemand dich wirklich unter Druck setzt oder du die Kontrolle zu verlieren glaubst?

10 Tipps für knifflige Situationen

1. **Geh aus der Schusslinie.** Geh für einen Augenblick aus der Situation hinaus, atme ein paar Mal tief ein, und versuche, deine Gedanken wieder zu sammeln. Zähle von zehn an rückwärts, und nimm dir fest vor, nichts zu sagen oder zu tun, bevor du nicht bei null bist.

2. **Überlege dir Alternativen.** Liste in Gedanken drei Optionen auf ... drei verschiedene Möglichkeiten, wie du auf die Situation reagieren könntest. Je mehr Möglichkeiten du hast, desto höher ist die Wahrscheinlichkeit, dass du für den Augenblick die beste Entscheidung triffst! Wenn du Zeit hast, ist es immer gut, mit anderen, denen du vertraust, zu sprechen. Sie können dir ihre Sicht der Dinge mitteilen und Lösungsvorschläge für das Problem machen.

3. **Stelle dir die Folgen vor.** Denke über die möglichen Konsequenzen deiner Entscheidung nach. Was ist das Allerschlimmste, was passieren könnte, wenn du falsch reagierst? Kann jemand verletzt werden? Wirst du Ärger bekommen? Versetze dich selbst in die Situation – wie würde es sich für dich anfühlen, wie würden andere reagieren?

4. **Vergeltung macht die Dinge schlimmer.** Ist dein Verhalten eine Wut-reaktion auf das, was ein anderer gesagt oder getan hat, so triffst du keine guten Entscheidungen. Nur weil jemand etwas Dummes getan hat, hast du noch keinen Freibrief für eine Revanche. Erkenne stattdessen, wenn dich jemand reizt. Bleibe stark, sei klug, und verliere nicht die Kontrolle.

5. **Ignoriere Beleidigungen.** Wenn dich jemand beleidigt oder demütigt, egal ob er dir etwas ins Gesicht schleudert oder es hinter deinem Rücken sagt, achte einfach nicht darauf. Lasse den anderen ruhig seinen eigenen Ruf ruinieren, wenn er unbedingt will. Aber du musst dich nicht auf sein niedriges Niveau herablassen! Oft verlieren andere das Interesse, wenn sie feststellen müssen, dass dich ihr Verhalten nicht weiter berührt.

6. **Selbstkommunikation.** Wie wir angesichts einer schwierigen Entscheidung selbst mit uns sprechen, kann unsere Handlungen und Gefühle beeinflussen. Wenn du Stress auf Grund einer schwierigen Entscheidung spürst, kannst du zu dir selbst sagen: „Ich bin jetzt zwar aufgeregt, aber ich bewahre die Ruhe und gehe mit dieser Situation positiv um." Wenn du weißt, du hast die Kontrolle, dann hilft dir das dabei, diese auch zu behalten.

7. **Ich-Botschaften.** Wenn du mit jemandem einen Konflikt hast, dann schiebe ihm nicht die Schuld in die Schuhe, und lasse die Auseinandersetzung nicht eskalieren. Formuliere stattdessen Ich-Botschaften, um eine Lösung für das Problem zu finden. Ich-Botschaften sind super, wenn du mit einer Autoritätsperson sprichst. Statt aus dem Klassenzimmer zu stürmen, könntest du etwas sagen wie: „Ich bin wütend über den Vorwurf, dass ich schuld sein soll. Ich würde gerne darüber reden."
Mehr zum Thema „Ich-Botschaften" findest du auf Seite 113.

8. **Sprich mit jemandem.** In manchen Situationen ist es am besten, wenn man sich die Meinung eines anderen anhört. Besprich deine Entscheidung mit einem guten Zuhörer, dadurch kannst du die Dinge für dich klären. Sprich mit deinen Eltern, einem Lehrer oder einem dir vertrauten Erwachsenen über alles, was dir Kopfzerbrechen bereitet.

9. **Geh weg.** Einfach wegzugehen, ist manchmal die beste Lösung für eine schwierige Situation. Verdufte, hau ab, kratz die Kurve, mach die Fliege! Ein wenig Zeit und Abstand können für den nötigen Durchblick sorgen. Den meisten großen Herausforderungen muss man sich natürlich stellen. Aber in stressigen Momenten ist es sehr hilfreich, wenn du ein wenig Zeit und Raum zum Durchatmen findest und die ganze Situation nochmal überdenken kannst.

10. **Erkenne, wenn du die Kontrolle verlierst.** Die meisten von uns können ziemlich genau einschätzen, wann sie wirklich aufgeregt und kurz davor

sind, etwas zu tun, das sie später bereuen würden. Versuche, ein solches Gespür auch für dich zu entwickeln, und nimm dir eine Auszeit, wenn es nötig ist. Wenn du alleine bist, kannst du Atemübungen machen (siehe Seite 47), du kannst für dich positive Gedanken formulieren oder eine andere Methode aus diesem Buch anwenden, damit du dich wieder beruhigst.

ICH-BOTSCHAFTEN

Mit Ich-Botschaften kannst du 1) sagen, was du denkst/fühlst und 2) was dazu geführt hat. 3) kannst du den Grund für dein Befinden näher erläutern und dann 4) sagen, was du dir darum vom anderen wünschst. Der Trick ist, ruhig und respektvoll zu sprechen und dem anderen keine Vorwürfe zu machen, sondern von dir zu berichten. So wird es sehr viel wahrscheinlicher, dass man dich versteht.
Folgendes Muster kannst du verwenden: Ich fühle ..., wenn du ..., weil ... Mir wäre es lieber, wenn du ...

Dazu ein Beispiel:
Ich fühle mich gestört, wenn du hier telefonierst, weil ich gerne fernsehen würde. Mir wäre lieber, wenn du in deinem Zimmer telefonieren würdest.

MIT GRUPPENZWANG UMGEHEN

Kommt es dir manchmal so vor, als ob alle um dich herum zu wissen meinen, was für dich am besten ist? Wenn es nicht die Eltern sind, dann die Freunde: „Du wirst eine Menge Spaß haben auf dieser Party!", oder: „Dieser Typ wird dir mit Sicherheit gefallen." Kann schon sein. Kann aber auch nicht sein. Und du kommst in eine Lage, in der du dich zu etwas gedrängt fühlst, woran du kein Interesse hast und das dir womöglich sogar unangenehm ist.

Es ist normal, dass man gemocht werden will. Niemand will „uncool" sein, geschnitten oder ausgeschlossen werden. Deshalb kann der Druck von

Gleichaltrigen so massiv sein. Nachstehend einige Vorschläge, wie du auch unter Druck deine Position behaupten kannst.

1. **Sei ehrlich.** Sei freundlich, geradeheraus, und sage den anderen, was du nicht machen willst. Bitte sie einfach darum, dich nicht weiter zu drängen. Du kannst eine Begründung für deine Entscheidung anführen, aber du musst dich nicht selbst in Frage stellen.
   „Ich will nicht rauchen. Ende der Diskussion."
   „Ihr könnt ruhig hingehen. Aber mich erwartet meine Ma zu Hause."

2. **Biete eine Alternative an.** Damit kommst du aus der Zwickmühle, ohne einen Streit zu riskieren. Solange dir die neue Idee gefällt, kann jeder nur gewinnen.
   „Ich habe heute Abend wirklich keine Lust, mich mit diesen Typen herumzuprügeln. Gehen wir lieber was essen, ihr habt doch auch Kohldampf."
   „Ich werde dieses peinliche Bild von Sarah nicht hochladen. Aber lass uns mal die Bilder von der letzten Party online stellen, die anderen warten schon drauf."

3. **Klopf einen Spruch, oder wechsle das Thema.** So kannst du manche unangenehmen Momente, in denen du dich unter Druck gesetzt fühlst, umschiffen. Es ist eine gute Möglichkeit, jemand anderem mitzuteilen, dass du an einem bestimmten Thema nicht interessiert bist oder bei gewissen Aktionen nicht mitmachen willst.
   „Kein Interesse! Dieser Stoff macht die Leute zu Zombies."
   „Nein, da mach' ich nicht mit. Aber hör mal, schaust du dir am Mittwoch auch das Spiel an?"

Manchmal versucht auch jemand, mit dem du eng befreundet bist, dein Denken oder deine Absichten zu beeinflussen. Wenn du eine Menge Druck spürst, etwas zu machen, was du eigentlich gar nicht tun willst, solltest du unbedingt mit dem Betreffenden darüber sprechen. Beschreibe den Druck, und sprich darüber, was sich ändern sollte (verwende bei solchen Diskussionen die „Selbstbehauptungs-Formel", siehe Seite 63). Gute Freunde werden dir zuhören und deine Entscheidungen akzeptieren.

DAS IMPULSIVE GEHIRN

Forscher haben herausgefunden,
dass sich das Gehirn über einen
längeren Zeitraum hinweg entwickelt als früher angenommen.
Bis man etwa Mitte 20 ist, ist das
Gehirn noch nicht völlig ausgebildet. Ein Teil
des Gehirns, der bei Jugendlichen eine rapide
Entwicklung durchläuft, ist der präfrontale Kortex
– die Region im Stirnbereich, die für logisches Denken
und für die Kontrolle von Impulsen zuständig ist. Weil
sich der präfrontale Kortex noch im „Bau" befindet, können riskante Situationen für Jugendliche sehr verlockend
sein. Sie treffen schnelle Entscheidungen, ohne über die
Konsequenzen ihrer Aktionen nachzudenken.

„Ich habe nicht gewusst, wie viel Kontrolle unsere Gedanken über unsere Gefühle haben. Jetzt lenke ich meine Gedanken bewusst so, dass ich mich besser fühle – nicht schlechter."
— Junge, 16 Jahre

„Eine positive Einstellung kann entscheiden, ob es ein cooler Tag wird oder ein richtig mieser."
— Mädchen, 13 Jahre

„Wenn ich eine Aufmunterung brauche, sehe ich mir lustige Internetseiten an. Mal richtig lachen – und die Welt sieht wieder besser aus!"
— Mädchen, 15 Jahre

„Wenn du dich immer selbst einen Loser nennst, fühlst du dich auch wie ein Loser."
— Junge, 14 Jahre

10 SCHAU AUF DIE SONNENSEITE

Unter Stress kann es dir passieren, dass du dich verängstigt fühlst und deine Selbstachtung verlierst. Wenn du an deine Grenzen kommst und es fast nicht mehr aushältst, kann es dir so vorkommen, als ob du dich im „Stressdschungel" verlaufen hättest und dein Leben nie mehr besser wird. Aber es gibt noch mehr Tricks, wenn es sich anfühlt, als ob die unsichtbaren Tiger dich überrumpeln. Diese Techniken machen kaum Mühe, sind völlig kostenlos und zahlen sich sofort aus. Es geht, einfach gesagt, darum, das Leben von der positiven Seite zu betrachten.

DIE POSITIVEN SEITEN ERKENNEN

Denke einfach an all die guten Dinge in deinem Leben. Es funktioniert, auch wenn es auf den ersten Blick allzu simpel zu sein scheint. Denn schließlich ist Stress eine Reaktion darauf, wie du die Welt wahrnimmst. Wie du die Dinge um dich rum wahrnimmst und wie du darüber denkst, wirkt sich darauf aus, wie du dich fühlst. Denke darüber nach: Warst du schon mal wegen irgendetwas, vielleicht wegen einer Kleinigkeit, niedergeschlagen und depressiv? Und ist dann diese Sache in deinem Kopf immer größer geworden, bis sie dir wie ein riesiges, nicht zu bewältigendes Problem vorgekommen ist? Wenn dir viele ängstliche und einschüchternde Gedanken durch den Kopf gehen, dann fühlst du dich schnell überfordert, und du glaubst, die Kontrolle zu verlieren. Sich auf das Negative zu konzentrieren, ist ein sicherer Weg, um dich selbst in den schlimmsten unsichtbaren Stresstiger zu verwandeln.

Aber auch das Gegenteil ist richtig. Wenn du dir und deinem Leben gegenüber eine positive Einstellung hast, verwandelt sich die Welt in einen Ort mit viel weniger Stress. Anstatt auf den negativen Dingen, die geschehen könnten, herumzureiten, solltest du dich lieber auf deine Stärken und Fähigkeiten konzentrieren, um alle Herausforderungen zu bewältigen. Sicher werden traurige Ereignisse und stressige Situationen dann immer noch vorkommen, und du musst dich mit ihnen auseinandersetzen. Aber wenn du auf das Positive schaust, auf das Gute in dir und in den Menschen, die sich um dich sorgen, dann kannst du harte Zeiten viel besser überstehen. Deshalb sagt man oft, dass sich im Leben alles um die richtige Einstellung dreht.

Wie kannst du damit beginnen, deinen Blick auf das Positive zu richten?

So wie du deine Muskeln durch Gewichtheben stärkst, kannst du eine positive Einstellung durch mehr positive Gedanken bekommen. Denke an die wirklich guten Dinge in deinem Leben, und schreibe sie in eine Liste. Denk an die Dinge, die du gerne machst, an die Menschen, die für dich da sind. Liste auch deine Talente und Erfolge auf – alles, was du schätzt und worauf du stolz bist.

Wofür ich dankbar bin

-> für unser Haus und mein schönes Zimmer

-> für meine Gesundheit

-> für meine Eltern

-> für das, was ich kann

-> für meine Katze

-> für Tom, Lisa und die anderen

-> dafür, dass ich super malen kann

-> für meine coole Fußballmannschaft

-> dafür, dass ich in einem freien Land lebe

-> für mein Lieblingskino um die Ecke

Wenn du fertig bist, schaue nochmal genau auf deine Liste. Es ist wichtig, dass alles enthalten ist, was für dich und dein Leben von Bedeutung ist. Bewahre die Liste auf, und wirf oft einen Blick darauf. Ergänze sie auch um neue Einträge!

POSITIVE SELBSTKOMMUNIKATION

Wir alle reden ständig mit uns selbst, ob wir das nun bemerken oder nicht. Wenn wir ein solches Selbstgespräch versehentlich laut führen, kann das sehr komisch wirken. Vielleicht gefällt es uns auch gar nicht, was da aus unserm Mund kommt.

DIE MACHT DES POSITIVEN

Positives Denken hat eine starke Wirkung auf deinen Körper. Untersuchungen haben gezeigt, dass optimistische Menschen nicht nur mental, sondern auch körperlich gesünder sind. Optimismus kann Herz und Lunge gesund halten und dein Immunsystem stärken, sodass du seltener krank wirst. Es konnte sogar bewiesen werden, dass Menschen mit einer ernsten Erkrankung länger leben, wenn sie Sinn für Humor haben und heiter auf das Leben blicken.

Wie wir mit uns selbst reden, hat eine große Wirkung darauf, wie wir uns fühlen. Das auf eine positive Weise zu tun, ist also eine weitere Möglichkeit, mit der du eine optimistische Einstellung trainieren kannst.

Der Blick aufs Positive

Anstatt: *„Ich schleppe zu viele Kilos mit mir herum. Kein Wunder, dass mich die anderen deswegen immer aufziehen."*

Sag lieber: *„Ich bin ein netter Mensch und hab' es verdient, mit Respekt behandelt zu werden."*

Anstatt: *„Ich werde nie bessere Noten bekommen."*

Sag lieber: *„Ich bin intelligent und werde mir große Mühe geben. Ich kann meine Lehrer um Hilfe bitten, damit ich in der Schule besser werde."*

Anstatt: *„Die anderen mögen mich nicht, weil ich manchmal ausraste."*

Sag lieber: *„Ich habe viele gute Eigenschaften, und es gibt vieles, das mich mit den anderen verbindet."*

Anstatt: *„Ich würde gerne beim Kunstturnen mitmachen, aber ich bin nicht gut genug."*

Sag lieber: *„Ich bin fest entschlossen, und mit Hilfe des Trainers werde ich es schaffen."*

Anstatt: *„Ich kann nichts richtig, und es geschieht mir recht, dass ich mich so mies fühle."*

Sag lieber: *„Ich bin ein Individuum, und ich habe viele Talente. Ich möchte und verdiene ein gutes Leben."*

Anstatt: *„Ich hab' komplett die Kontrolle verloren und werde nichts mehr auf die Reihe kriegen."*

Sag lieber: *„Ich kann mit meinen Problemen umgehen. Denn ich treffe gute Entscheidungen, und ich bekomme Unterstützung von anderen."*

Wenn du negative Gedanken durch positive ersetzt, wird das einen großen Unterschied bezüglich der Art ausmachen, wie du über dich selbst und dein Leben urteilst. Das Wichtigste ist, dass du es ständig machst – wann immer ein negativer Gedanke in deinem Kopf auftaucht, ersetze ihn durch einen positiven. Wenn dir das gelingt, wirst du selbst dein bester Freund, du stärkst dein Selbstvertrauen und hältst die unsichtbaren Tiger in Schach.

Ich habe die besten Chancen, ins Team zu kommen.

TU WAS FÜR DIE GUTE LAUNE

Eine weitere Möglichkeit, das Positive in den Vordergrund zu rücken, besteht darin, der lustigen Seite des Lebens mehr Beachtung zu schenken. Es ist verständlich, dass wir manchmal gestresst und ängstlich sind wegen der Vorkommnisse in unserem Leben. Und es ist normal, dass wir uns wegen der verwirrenden Ereignisse in der Welt, von denen wir aus den Nachrichten erfahren, Sorgen machen. Aber es ist ungesund, sich immer ängstlich und bekümmert zu fühlen. Deshalb ist es so wichtig, dass wir auch immer wieder locker sein können, dass wir lächeln und lachen und uns selbst den Kopf gerade rücken.

Wissenschaftler wissen schon seit Langem, dass Humor sich körperlich und emotional positiv auswirkt. Lachen erhöht die Atmungsaktivität (den Atemrhythmus), den Sauerstoffaustausch, die Muskelaktivität und die Herzfrequenz. Lachen stimuliert zudem die so genannte Hirnanhangdrüse, was ganz allgemein zu einem positiven Zustand führt, was die Biochemie unseres Körpers betrifft. Kurz: Humor ist gut für dich!

Manchmal ist es nicht einfach, zu lachen, z.B. in sehr stressigen Zeiten oder wenn etwas Schlimmes passiert ist. Sehr schüchterne Menschen können auch Probleme damit haben, sich wirklich locker zu geben. Du hast das Recht, in solchen Situationen auf deine eigene Art zu reagieren. Aber denke an das alte Sprichwort: Lachen ist die beste Medizin.

Bestimmt kennst du Leute, die oft gute Laune und Sinn für Humor haben. Wenn du mit ihnen etwas unternimmst, werden sie dich sicher mitreißen. Auch eine nette Komödie am Abend, ein lustiges Buch, der Besuch eines Poetry Slams u.Ä. können dazu beitragen, deine Laune zu bessern. Sonnenschein und viel Licht wie auch viel Sauerstoff steuern das Ihrige bei. Kreativ zu sein, macht ebenfalls glücklich! Ebenso leckeres und gesundes Essen und Sport. Bestimmt kennst du auch den Schub, den dir fröhliche Musik geben kann. Wenn du allein bist, sing ruhig laut mit!
Wenn du anderen etwas Schönes erzählst, reagiert das Gehirn, indem es Glückshormone ausschüttet. So kannst du den Effekt noch verstärken, wenn du etwas Tolles oder besonders Lustiges erlebt hast.
Was auch gute Laune macht: anderen helfen! Schon fühlst du dich selbst ebenfalls besser.

Damit du dich in deiner Haut wohlfühlst, ist es sehr wichtig, die positiven Seiten zu erkennen. Es hilft dir dabei, selbst positiv zu bleiben und die Dinge ins rechte Licht zu rücken, wenn das Leben wieder mal stressig ist und dich herausfordert. Wenn du jetzt noch Zweifel hast, dann probier einfach eine dieser Methoden einen Tag lang aus, und schaue, was passiert. Wenn du es schaffst, dich auf die Sonnenseite zu stellen, fühlst du dich sehr schnell besser.

Ich bin immer müde, ich habe das Gefühl, dass ich krank werde.
— Mädchen, 12 Jahre

Ich habe keine Ahnung, was aus meinem Leben wird, und es interessiert mich auch nicht weiter.
— Junge, 14 Jahre

Ich bin mit mir unzufrieden, es gefällt mir nicht, was ich mache.
— Mädchen, 14 Jahre

Ich versuche es ja. Aber ich werde nie in der Lage sein, das zu tun, was ich tun sollte.
— Junge, 13 Jahre

Ich fühle mich mit meinen Problemen alleine gelassen. Ich glaube, niemand interessiert sich für mich, und keiner versteht mich.
— Mädchen, 15 Jahre

Ich habe Angst davor, zu scheitern oder nicht gut genug zu sein.
— Junge, 15 Jahre

Der einzige Ausweg ist, einfach vor all dem abzuhauen.
— Mädchen, 12 Jahre

3. TEIL

STOP

Was **WIRKLICH** hilft ...

ERSTE HILFE BEI TIGERBISSEN

Es ist ein schreckliches Gefühl, wenn man nicht mehr weiterweiß.
Denke als Erstes daran, dass du nicht der Einzige bist.
Viele Menschen fühlen sich in harten Zeiten überfordert,
ängstlich, verloren oder depressiv. Das Entscheidende ist,
dass du erkennst, wann du Hilfe brauchst,
und dass du auf positive und konstruktive Weise handelst,
um dir selbst aus einem Tief herauszuhelfen.

WANN BRAUCHST DU HILFE?

Zunächst einmal ist wichtig, dass du die Anzeichen der Überbelastung durch Stress erkennst. Dann weißt du auch, dass du dir Hilfe suchen musst. Die Anzeichen sind folgende:

- **Ein ständiges Wutgefühl.** Wenn du sehr oft wütend bist, kann es sein, dass sich eine aufgebaute Spannung auf deine Stimmung niederschlägt. Vielleicht gerätst du dann auch öfter in Auseinandersetzungen mit deinen Lehrern, Klassenkameraden und Familienangehörigen.

- **Veränderung des Schlafverhaltens.** Wenn du unter großem Druck stehst, kannst du Probleme mit dem Ein- oder Durchschlafen bekommen. Es könnte auch sein, dass du am liebsten die ganze Zeit schlafen möchtest. Durch Schlafprobleme teilt uns der Körper mit, dass etwas nicht in Ordnung ist.

- **Veränderung des Essverhaltens.** Stress kann sich auf den Appetit auswirken. Manche Menschen mit Angstzuständen verlieren ihren Appetit völlig. Andere wollen alles verschlingen, was sie in die Finger bekommen. Essen und Völlegefühl können deine Körperchemie beeinflussen und zeitweilig die Auswirkungen des Stresses verdecken.

- **Schmerzen und erhöhte Anfälligkeit für Krankheiten.** Ständiger Stress schwächt das Immunsystem und kann eine Reihe von Gesundheitsproblemen verursachen. Kopfschmerzen, Magenschmerzen, Muskelkater, Erkältungen, Infektionen und andere Krankheiten sind oft auf Stress zurückzuführen.

- **Fluchtverhalten.** Wenn man gewisse Dinge stark übertreibt (z.B. Fernsehen, Musikhören, Computerspiele, Surfen im Internet, Lernen, Schlafen), kann das bedeuten, dass man im Teufelskreis der Stressbewältigung steckt (siehe Seite 19). Die unzähligen Stunden, die du dafür aufwendest, fehlen dir für andere Dinge, und sie erhöhen auch den Stress, den du empfindest.

- **Rückzug von Familie und Freunden.** Will man immer alleine sein, ist das ein ernstes Anzeichen dafür, dass etwas nicht in Ordnung ist. Wenn du dich besonders schlecht fühlst, ist das genau der Moment, in dem du die wichtigsten Menschen in deinem Leben am meisten brauchst.

- **Ständige Nervosität, Angst und Sorge.** Stress kann dazu führen, dass die Nerven ständig blank liegen – als ob jeden Augenblick etwas Schlimmes passieren könnte. Manche Menschen werden sogar von Panikattacken befallen – von einem plötzlichen Gefühl überwältigender Angst, das ohne Vorwarnung und ersichtlichen Grund auftritt. Solche Gefühle können dich zermürben und so viel von deiner Energie aufsaugen, dass du sogar mit ganz alltäglichen Aufgaben nicht mehr zurechtkommst.

● **Häufiges Weinen ohne ersichtlichen Grund.** Wenn du weinst, weil etwas Schlimmes passiert ist, ist das völlig normal und eine positive Art, Traurigkeit auszudrücken. Doch wenn du dich ständig traurig und hoffnungslos fühlst und häufig weinst, ist es an der Zeit, dich nach Hilfe umzuschauen.

● **Alkohol- und Drogenkonsum.** Wenn jemand übermäßig viel Alkohol trinkt oder andere Drogen nimmt, die ihn sichtlich verändern, ist das ein Zeichen dafür, dass er Hilfe braucht. Diese Substanzen können Körper und Geist schädigen und dazu führen, dass man sich schließlich noch schlechter fühlt.

● **Gefühl des Kontrollverlusts.** Vielen Menschen mit einer Überbelastung durch Stress kommt es so vor, als ob sich die Welt immer schneller drehen würde, bis sie glauben, es nicht mehr aushalten zu können. Dies ist ein schreckliches Gefühl, das seinerseits wieder Stress verursacht.

● **Depressionen und der Drang zur Selbstverletzung.** Wenn man sich nicht mehr in der Lage fühlt, all die Herausforderungen im Leben zu bewältigen, kann das Depressionen, unvernünftige Risikobereitschaft und selbstverletzende Verhaltensweisen zur Folge haben. Wenn du in deiner Situation Hoffnungslosigkeit empfindest oder den Drang spürst, dich selbst verletzen zu wollen, dann sprich sofort mit jemandem darüber.

Daran solltest du denken ...

Verzweifelte Gedanken und selbstzerstörerische Verhaltensweisen sind Zeichen dafür, dass du Hilfe, Unterstützung und das Urteilsvermögen von Menschen brauchst, denen du vertraust. Nachstehend einige Dinge, die du im Kopf behalten solltest, wenn du deine Tigerbisse heilen willst:

1. **Es ist völlig in Ordnung, zuzugeben, dass man Hilfe braucht.** Eine der größten Herausforderungen kann das Eingeständnis sein, dass wir Schwierigkeiten haben. Das Eingeständnis, dass im Leben etwas nicht funktioniert oder dass man eine falsche Entscheidung getroffen hat, fällt einem oft

schwer. Doch sich selbst oder anderen nicht einzugestehen, dass man Schwierigkeiten hat, ist wie Selbstverleugnung. Damit betrügen wir uns dann selbst und machen uns vor, dass wir die Dinge besser im Griff haben, als es tatsächlich der Fall ist. Damit wir uns wieder besser fühlen, ist es wichtig, zuzugeben, dass man Hilfe braucht. Dazu sind vielleicht Mut und Stärke erforderlich, aber es ist der einzige Weg zu einem besseren Leben.

2. **Menschen, denen wir vertrauen, wollen helfen.** Wenn wir mit Problemen zu kämpfen haben, wollen wir andere oft nicht mit unseren Sorgen belästigen. Doch mit einer solchen Einstellung fühlt man sich immer einsamer. Lasse es nicht dazu kommen, und strecke in deinen schlimmsten Zeiten deine Hand nach Hilfe aus. Eltern, Familienangehörige, Freunde, Nachbarn, Schulpsychologen, Lehrer und andere dir vertraute Personen können und wollen dir helfen! Sie können dir eine sichere Umgebung bieten, wo du du selbst sein kannst, egal wie durcheinander, verwirrt, verloren oder seltsam du dich gerade fühlst. Menschen, mit denen wir vertraut sind, akzeptieren uns und können uns helfen, Lösungen für unsere Probleme zu finden. Wenn jemand deine Sorgen nicht ernst nimmt oder dich nicht unterstützen kann, dann wende dich an eine andere Person. Gib nicht auf, bis sich jemand ernsthaft mit deinem Problem auseinandersetzt.

3. **Vermeide negatives Bewältigungsverhalten.** Bewältigungsstrategien helfen uns, unangenehme Gefühle, die durch Schwierigkeiten entstehen, zu vermeiden. Aber es sind nur kurzfristige Lösungen, die die Dinge noch verschlimmern können und das Problem, das den Stress verursacht, nicht an der Wurzel packen. Negatives Bewältigungsverhalten (z.B. sich selbst abzuschotten, zuviel Alkohol oder Drogen zu konsumieren) ist destruktiv. Du solltest es beenden, um dich wieder besser fühlen zu können. Vielleicht machen es dir einige Menschen um dich herum schwer, mit solchen Verhaltensweisen aufzuhören. Wende dich an andere vertraute Leute, die dir helfen können. Es ist nicht schlimm, wenn man Fehler macht. Schlimm ist, wenn man aus seinen Fehlern nichts lernt und auch beim nächsten Mal keine klügeren Entscheidungen trifft, wenn man sich mit demselben Problem wieder konfrontiert sieht.

4. **Plane, wie du mit persönlichen Problemen umgehen willst.** Irgendwann mal müssen wir alle durch schwierige Zeiten im Leben. Die möglichen Probleme sind vielfältig: Alkohol oder Gewalt zu Hause, Missbrauch, der Tod

eines Familienangehörigen oder Freundes, eine Behinderung etc. Wichtig ist, dass man sich den Problemen stellt. Wenn es dir so vorkommt, dass du nicht mehr unter Kontrolle hast, was passiert, dann fühlst du dich verängstigt, verwirrt, beschämt, traurig oder verzweifelt. Warte nicht, bis es so weit kommt. Suche dir die nötige Hilfe und Unterstützung, sobald du sie brauchst.

WICHTIG!

Wenn du glaubst, dass keiner dir ein Ohr schenkt bzw. dass dir keiner helfen kann, wende dich an eine der folgenden Einrichtungen:

www.nummergegenkummer.de
www.kindernotruftelefon.de
www.telefonseelsorge.de

Hier gibt es Menschen, die dir gerne zuhören und helfen.

EIN WORT ZUM SCHLUSS

Du hast nun eine Menge über Stress erfahren und über Möglichkeiten, damit umzugehen. Ich hoffe, dass der „Dschungel" des Lebens für dich nun weniger bedrohlich ist und dass es dir leichter fällt, da durchzukommen. Habe den Mut, große Träume zu träumen, behandle dich selbst gut, und strebe das an, was du wirklich willst. Du verdienst das Allerbeste. Wenn du sehr gut auf dich aufpasst und die Strategien aus diesem Buch in deinem Leben beherzigst, dann wird es dir bestimmt gut ergehen.

Ich wünsche dir das Beste.

Earl Hipp

Über den Autor

Earl Hipp ist der Verfasser zahlreicher Bücher für Jugendliche. Er hat den Bachelor-Abschluss in Psychologie und den Master-Abschluss in Psychophysiologie. Earl arbeitete früher in Kliniken als Psychotherapeut und half Menschen dabei, die Herausforderungen in ihrem Leben zu verstehen und zu bewältigen.

QUELLEN

- www.focus.de/gesundheit/ratgeber/haut/haut_aid_137812.html
- www.qualimedic.de/news_081215.html

MEDIENTIPPS

Literatur

Crist, James J.:
Was WIRKLICH hilft – gegen deine WUT.
Verlag an der Ruhr, 2011.
ISBN 978-3-8346-0883-3

Covey, Sean:
Die 6 wichtigsten Entscheidungen für Jugendliche:
Wie du die Weichen für dein Leben richtig stellst.
GABAL Verlag, 2008.
ISBN 978-3-897-49847-1

Law, Felicia u.a.:
Iss dich glücklich.
Warum gesunde Ernährung einfacher ist als du denkst.
Verlag an der Ruhr, 2010.
ISBN 978-3-8346-0750-8

Links

Hilfe bei Problemen, Sorgen und Notfällen:
● www.nummergegenkummer.de
● www.kindernotruftelefon.de
● www.telefonseelsorge.de

Informationen zum Thema Ernährung:
● www.aponet.de (Suchwort „Ernährung" eingeben)

Informationen zum Thema Fitness:
● www.richtigfit.de
● www.fitrechner.de

Informationen zum Thema PME:
● www.neuro24.de/entspan.htm

DEINE NOTIZEN

Was **WIRKLICH** hilft ...

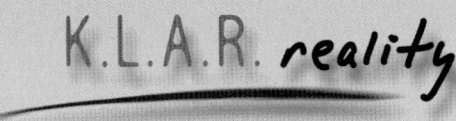

Verlag an der Ruhr

Postfach 10 22 51
45422 Mülheim an der Ruhr

Telefon 030/89 785 235
Fax 030/89 785 578

bestellungen@cornelsen-schulverlage.de
www.verlagruhr.de

Es gelten die Preise auf unserer Internetseite.